102

Merve Verlag

Jean-François Lyotard
Essays zu einer affirmativen Ästhetik

Aus dem Französischen übersetzt
von Eberhard Kienle und Jutta Kranz

Merve Verlag Berlin

Die vorliegenden Aufsätze sind dem Band
Des dispositifs pulsionels
Christian Bourgois Éditeur, Paris 1980
entnommen.

Printed in Germany. Druck und Bindearbeiten: Dressler, Berlin. Umschlagentwurf: "Betrieb", Köln.

ISBN 3-88396-022-5

INHALT

Vorwort

Die Texte dieses Bandes sind zu Beginn der 70er Jahre geschrieben.

68 blieb am entscheidenden Punkt,auf des Messers Schneide,in der Schwebe. Von der einen Seite her gesehen gewährte das Ereignis der großen politischen Erzählung von der Emanzipation einen Aufschub, ja es bot ihr sogar Gelegenheit zu einem Aufschwung.Es war modern.
Deshalb bemächtigten sich die Politiker seiner, sei es um es zu tilgen,sei es um daran anzuknüpfen. (Warum bloß,so fragten sie sich,wurde das Feuer in der Intellektuellen-Klasse entfacht und geschürt?)
Von der anderen Seite her entglitt es den großen Narrationen,nahm eine andere Lebensweise Gestalt an,die man postmodern nennen könnte.
Den Studenten, Künstlern,Schriftstellern und Gelehrten empfahl der entwickelte Kapitalismus: Seid intelligent,seid erfinderisch,Eure Ideen sind *die* Ware der Zukunft.
Ein Vorschlag, den die Betroffenen unversehens links liegen ließen: da sie mehr mit der Imagination als mit dem Markt beschäftigt waren,begann ein grenzenloses Experimentieren.

Adornos letztes Wort war: Die Erfahrung im hegelschen Sinne (die Verwirklichung des Geistes in der Geschichte) endet nach Auschwitz; uns bleibt nichts,als die Metaphysik in ihren Niedergang zu begleiten; es gibt keine einheitliche große Erzählung der Emanzipation mehr, vervielfachen wir also die Mikrologien.
Aus den vorliegenden Essays wird ein aufmerksames Ohr folgendes heraushören können: die Erfah-

rung im hegelschen Sinne ist nach Auschwitz und auch dank der Wiederbelebung des Kapitalismus zu Ende; das Zeitalter des Experimentierens (das Zeitalter der Satire, die die Sättigung der Werke durch die Gattungen ist) blüht auf; vervielfachen wir also die Paralogien.

Das Bemühen, das Wahre zu begründen und das Rechtmäßige zu rechtfertigen, wird in dem Maße schwächer, wie das technizistische Bewertungskriterium optimaler Performanz offenbar nicht nur für Werke gilt, sondern sich auf jegliche Art von Aktivität erstreckt. Demnach wären wir von einem Aufhören der Philosophie bedroht.
Indessen hat die Ausweitung des technischen Kriteriums - sogar in seiner kapitalistischen Anwendung - auf eine Vielzahl von Aktivitäten eben nicht zum alleinigen Effekt ihre Unterordnung unter die Interessen des Systems. Sie verhilft auch zu der Entdeckung, daß jede Aktivität eine Kunst (*technè*) ist. Die Differenz zwischen der Technik in ihrem kapitalistischen Gebrauch und der *technè* läßt sich an der Lust festmachen: im einen Fall freut man sich am Effekt, der stets das Geld (das abstrakt Allgemeine) ist; im anderen Fall an der Bewerkstelligung selber, an der einzigartigen Schönheit der Coups. (Daß die beiden unvereinbar seien, ist nicht einmal notwendig.)

Aber die Schönheit der Coups, sagen Benjamin und Adorno, wie kann man über sie urteilen, wenn es keinen Geschmack, keinen *sensus communis* mehr gibt? In der Kunst der Gegenwart findet man nicht mehr jene Allgemeinheit ohne Begriff, die einen gesellschaftlichen Konsensus jenseits von Wissenschaft und Moral möglich machte.
- Darauf hätte Kant heute geantwortet: Immerhin gibt es das Genie, die Einbildungskraft, die den

Verstand überholt und ihm Regeln ,die er nicht kannte,eingibt.
Man lese die folgenden Seiten, als wollten sie sagen: der Zustand des Kapitalismus mit seiner Geld-Regel (Wertgesetz) führt zur Entdeckung, daß es nur Coups gibt,daß sie etwas Schönes an sich haben, daß man darüber sicher nicht mehr nach dem Geschmack urteilen kann, aber noch weniger nach der zeitökonomisch berechenbaren Rentabilität,und schließlich,daß die Schönheit der Coups einhergeht mit der nicht-geregelten Erfindung von Regeln.
Nach zwei Jahrhunderten Herrschaft der dialektischen spekulativen Vernunft beginnt die Philosophie wieder mit Kant,dem Kant der Urteilskraft. Das ist kein Niedergang ; dieser Neuanfang erfordert aber ihre Diaspora: sie macht sich jetzt zum Komplizen aller Erfindungskräfte.
Ist also alles erlaubt? - Alle schönen Coups ja. Man beachte,daß kein Coup als schön gelten kann, wenn er an die Adresse seiner Empfänger eine,sei es auch indirekte oder symbolische,Todesdrohung richtet.

Kurz,ich schlage ohne falsche Bescheidenheit vor, in Erwägung zu ziehen, daß diese Essays,wie ungeschickt auch immer, das Ziel verfolgten, nach Kenntnisnahme des in der *Ästhetischen Theorie* unerbittlich dargelegten Bankrotts einen Neuanfang zu skizzieren.Die Ausarbeitung einer dergestalt neubegonnenen Ästhetik steht noch aus.

Was die Metaphysik des Begehrens oder des Triebes anbetrifft, die hier aufschwappt,so möge sie wenigstens als das erscheinen, was sie war: ein Coup.

Dezember 1979

Der Zahn, die Hand

1.
Das Theater setzt uns mitten ins Politisch-Religiöse: in die Frage der Abwesenheit, in die Negativität, in - wie Nietzsche sagen würde - den Nihilismus, in die Frage der Macht also. Eine Theorie der Theater-*Zeichen*, eine Praktik (Dramaturgie, Inszenierung, Interpretation, Architektur) der Theater-*Zeichen* beruhen auf dem Akzeptieren des Nihilismus, der der Repräsentation innewohnt, fördern diesen sogar. Denn das Zeichen, so sagte Peirce, ist etwas, das jemanden durch etwas anderes ersetzt. Verstecken-Zeigen, das ist Theatralität. Nun denn, für die Moderne Ende dieses Jahrhunderts gilt folgendes: nichts ist zu ersetzen, keine Stellvertretung ist berechtigt oder jede ist es; die Ersetzung und folglich der Sinn sind selber nur ein Substitut für die Versetzung, die Verschiebung. Nehmen wir zwei Punkte A und B; A bewegt sich nach B: zwei Positionen und eine Versetzung, eine Verschiebung. Sie erklären nun, daß B von A kommt: die Position B wird nicht positiv, affirmativ gefaßt, sie wird vielmehr auf A zurückgeführt, der Position A untergeordnet, die selber abwesend (weg, versteckt) ist. B wird zunichte gemacht: es hat eine illusorische Präsenz, sein Wesen ist in A. Und A wird als Wahrheit, d.h. als Abwesenheit, gesetzt. Das ist das Dispositiv des Nihilismus. Ist die Theatralität dazu verurteilt? Dadurch, daß die Semiologie diese Vorrichtung bei ihrer eigenen Lektüre wiederholt, betreibt sie weiterhin Theologie, die Theologie vom Tode Gottes, der Struktur, der kritischen Dialektik usw...

2.
Die Versetzung (die *Verschiebung* oder *Entstellung* (im Original deutsch) bei Freud) ist ein ener-

getischer, Freud sagt ökonomischer, Vorgang; die Libido besetzt diese oder jene Zone auf der Oberfläche des Körpers (einer Oberfläche, die sich auch nach innen, zu "inneren Organen" umstülpt), sie läßt sich dort nieder, Position A; sie zieht weg, sie läßt sich anderswo nieder, Position B. Heißt das, daß B nun A repräsentiert? In der *Kleinen Anatomie des Bildes* gibt Hans Bellmer folgendes Beispiel: Ich habe heftige Zahnschmerzen, ich balle die Faust, die Nägel krallen sich fest in die Handfläche. Zwei Besetzungen. Heißt das, daß die Geste der Hand das Leiden des Zahnes darstellt, repräsentiert? Was ist das Zeichen wofür? Gibt es eine Irreversibilität, also eine Hierarchie zwischen den beiden Positionen, eine Herrschaft einer Position über die andere? Ja, allerdings nur für die Anatomie und die Physiologie, für die Lehre von den *Re*flexen und für jede *Re*flexion. Nicht aber in der Bewegung der Libido; der anfällige erotische Körper funktioniert in jeder Hinsicht und in allen Richtungen: vom Verkrampfen der Hand bis zu den zusammengebissenen Zähnen, von der (eingebildeten?) Angst vor einem Vater oder einer Mutter bis zur (realen?) Fettsucht oder zum (realen?) Magengeschwür. Diese Reversibilität von A und B führt zur Zerstörung des Zeichens und der Theologie und vielleicht des Theatralen.

3.

Diese Reversibilität ist in unsere soziale, ökonomische, ideologische Erfahrung des modernen Kapitalismus eingeschrieben, der einzig und allein vom Wertgesetz beherrscht wird. In der vorkapitalistischen Ökonomie werden Produkt, Produktion und Konsumtion (die sich nicht einmal zu unterschiedenen Sphären verselbständigt haben) als Zeichen und Sinngebungen auf Positionen zurückgeführt, die für originäre, für Ur-Positionen gehalten werden: das Objekt, die Arbeit, die Zerstörung und das

Zirkulieren-Lassen der Objekte sind einer Mythik oder einer Physik unterstellt,sie sind da für und durch etwas anderes.Ein Teil des Werkes von Marx setzt diese semiotische Theologie der vorkapitalistischen Ökonomie fort,zumal mit der Verwendung der Kategorie des *Gebrauchswertes* (der Waren, speziell der Arbeitskraft).Die heutige Erfahrung der Ökonomie des Wachstums lehrt uns jedoch,daß die sogenannte ökonomische Aktivität keinen Ursprung hat,in keiner Position A verankert ist.Unter der einzig gültigen Bedingung des Wertgesetzes ist alles austauschbar und reversibel:die Arbeit ist nicht weniger ein Zeichen als das Geld,das Geld nicht weniger ein Zeichen als das Haus oder der Wagen; nichts als ein einziger Fluß,der sich in Milliarden Objekte und Strömungen verwandelt.-Diese Lehre der politischen Ökonomie soll mit derjenigen der Libidoökonomie verglichen werden:insofern beide nachhaltig das moderne Leben gestalten,schüren sie die Kritik und die Krise des Theaters.Eine Semiologie würde diese Krise verdrängen und diese Kritik zum Schweigen bringen.

4.

Indem ich das *Kadensho* von Seami* lese und gleichzeitig noch einmal Artaud und Brecht,deren komplementäre Analysen und Mißerfolge das Theater heute noch beeinflussen,wird mir klar,wie das Theater,das sich an der Stelle befindet,wo die Verschiebung zur Ersetzung wird und der Triebfluß zur Repräsentation gelangt,zwischen einer Semiotik und einer Ökonomik zu entscheiden hat.In den ersten Bücher des *Fûshi-kadens*,in den ältesten (ca.1400), häuft Seami die Diskontinuitäten. Er unterteilt das Leben des Schauspielers in *Lebensalter,*das Jahr in *Jahreszeiten*,den Tag in

* *Die geheime Lehre des No.Aufzeichnungen von Meister Seami.*Frankfurt/M. 1961

Augenblicke,die Mimik in *Typenrollen*,das Repertoire in *Nô-Gattungen(waki,ashura,*Frauen,wirkliche Welt...),die Diachronie des Schauspiels in *Einheiten (kyôgen,nô)*,die nach der unveränderlichen *jô-ha-kyû* Regel für die Abfolge der Stücke zusammengestellt werden,den Bühnenraum in *Orte*,die dieser oder jener Rolle,diesem oder jenem Augenblick der Handlung zugeteilt werden,den Klangraum in *Regionen*,die Mimik in *Haltungen*,das Publikum selber in *Kategorien* usw...Hier hat der Semiologe den Werkstoff seiner Träume:alles ist bemessen und kodiert,jede Einheit einer bestimmten Ordnung verweist auf eine Einheit einer oder aller anderen; das ganze Spiel scheint auf die beiden Prinzipien Vorrang der Bedeutung (*iwâre*) und Suche nach größtmöglichem Einklang (*sôô*) ausgerichtet zu sein.Um das Zeichensystem zu vervollkommnen,tritt der Schauspieler selbst in seiner Präsenz zurück: in den weiblichen Rollen durch das Tragen der Maske und verdeckte Hände; die Blüte der Interpretation,die als absolute Interpretation aufgefaßt wird,ist die *Nicht-Interpretation*; und in den Wahnsinns-Rollen mit maskenlosem Gesicht,gibt es die besondere Schwierigkeit,den Wahn zu interpretieren,indem man die Besessenheit andeutet,also den Besessenheitsdämon nachahmt,ohne jedoch in expressionistische Züge zu verfallen:"aber es geschieht,obgleich keine Notwendigkeit besteht, den Gesichtsausdruck zu verändern,daß der Schauspieler seine natürliche Miene durch eine absichtlich geformte ersetzt.Eine solche Darstellung ist unerträglich."* Unerträglich ist, das Unsichtbare zu zeigen, den *Knochen* mit der *Haut*, die *Substanz* mit dem *Nebeneffekt* zu verwechseln, das hierarchische Gefüge des sozialen und des körperlichen

---

* ebenda. Seite 40

Raumes vorne und hinten,illusorisch und real zu zerbrechen.Das extrem Nihilistische am Buddhismus treibt diese Semiotik auf die Spitze,da es diese Zeichen alle zu *Zeichen des Nichts* macht,des Nichts,das *zwischen den* Zeichen,zwischen A und B liegt: der Schauspieler wird,wie Seami sagt,in den Intervallen zwischen den gesprochenen,gesungenen,getanzten oder gemimten Handlungen,wenn er also nichts tut,wirklich zum Zeichen,er bedeutet dann die Bedeutungskraft selber,die Zurücktreten und Leere ist,die Marionette nämlich.Seami zitiert einen Zen-Spruch über die Marionetten,der den Abendländler auf das VII. Buch der *Politeia* verweist.

5.
Die Semiotik von Seami scheint dennoch von einem ganz anderen Drang,einem triebhaften Drang,von einer Suche nach Intensivität,einem Begehren nach *Macht* durchzogen,ja manchmal durchkreuzt zu sein. (Sollte man nicht *Nô* mit *puissance,Macht,might* übersetzen,im nietzscheanischen Sinne also,im gleichen Sinne wie Artaud *Grausamkeit* verwendet?) Mit dem Namen *Blüte* wird die energetische Intensivierung der Mittel des Theaters angestrebt.Die Elemente einer totalen "Sprache" werden unterteilt und verbunden zugleich,damit Intensitätswirkungen durch leichtes Übertreten, durch Übergriffe auf nächtsliegende Einheiten hervorgerufen werden können.Die Zeichen werden dann nicht mehr in ihrer repräsentativen Dimension gefaßt,sie repräsentieren nicht mehr das Nichts,sie stellen nicht dar,sie erlauben vielmehr "Handlungen", sie funktionieren wie Transformatoren,die natürliche und soziale Energien verbrauchen,um Affekte von höchster Intensität zu produzieren.Von daher könnte man verstehen,daß Seami (etwas später) auf Themen des Ungewohnten,des Fließenden und Unvor-

hersehbaren in der Wirkung des Spiels kommt; auf den unschätzbaren Wert, den rechten Augenblick zu erfassen; zumal auf die Tatsache, daß die Blüte der Interpretation, schnell *welkend (shioretaru)*, nichts ist. Die bewährten Verfahren (*Kojitsu*), die auf die Einheit einer Kultur, die ein Kult ist, zurückgehen, überlassen also das Feld einer irren Flut, einer Verschiebbarkeit, einer gewissen Wirksamkeit durch Affekte, die eben die der Libidoökonomie sind.

6.

Wie Seami hat auch Artaud gezögert. Aber sein Zögern tendiert in die entgegengesetzte Richtung. Artaud will durchaus nicht die Maschinerie des Guckkastentheaters, d.h. des europäischen, zerstören, sondern einzig die Vorherrschaft der artikulierten Sprache aufheben und die Vernachlässigung des Körpers beseitigen. Er will dadurch eine libidinöse "Wirksamkeit" der Handlung im Theater wiederfinden: "Kraft von unten", Fähigkeit, über das Verschieben wohlgeordneter Einheiten die Affekte zu *verschieben*: "Das Geheimnis des Theaters im Raum ist die Dissonanz, die Staffelung der Klangfarben, die dialektische Entfesselung des Ausdrucks." * Daß man nicht weit von der Libidoökonomie entfernt ist, bezeugt dies: "Etwas wie uranfängliche Bosheit herrscht im Lebensfeuer, in der Lebensgier, im unbedachten Drang zum Leben: das Verlangen des Eros ist eine Grausamkeit, denn es verbrennt Nebensächliches; der Tod ist Grausamkeit, die Auferstehung ist Grausamkeit, die Verklärung ist Grausamkeit, denn nach allen Richtungen hin gibt es in einer geschlossenen zirkulären Welt keinen Platz für den wahren Tod, denn ein Aufstieg

---

* Antonin Artaud, *Das Theater und sein Double*, Ffm. 1969, Seite 121

ist eine Zerreißung, denn der geschlossene Raum ist erfüllt von lauter Leben, und jedes stärkere Leben geht durch andre hindurch, frißt sie also auf in einem Massaker, das eine Verklärung, ein Gutes darstellt." * - Aber auf diesem Wege einer verallgemeinerten De-Semiotik hält Artaud inne und was ihn halten läßt, ist der Nihilismus, die Religion (spürbar bis hin zu diesem *Brief über die Grausamkeit*). Um die Intensitäten ins Werk zu setzen, wendet er sich der Herstellung eines "Werkzeuges" zu, das von neuem eine Sprache sein will, genauer noch: ein Zeichensystem, eine Grammatik der Gebärden, "Hieroglyphen". Dies glaubt er im orientalischen, insbesondere im balinesischen oder japanischen Theater zu finden. So bleibt er ein Europäer, er nimmt die "Erfindung" der Übereinstimmung von Körper und Sinnen wieder auf, er nimmt die große Entdeckung der Einheit von Libido als Eros und Libido als Todestrieb (von der entgegengesetzten Seite her) wieder auf, er wiederholt deren "ethnologische" Inszenierung - hier auf der orientalischen Bühne. Doch der orientalische Lehrmeister, der nicht weniger nihilistisch ist als sein abendländischer Schüler, hat das buddhistische oder sonstige Paradies der Nicht-Dualität auch erst "erfinden" müssen. So kehrt die Verstümmelung, der Artaud entflieht, in der balinesischen Hieroglyphe wieder. Den Körper zum Schweigen zu bringen durch das *Schriftsteller*-Theater, das dem Europa der Bourgeoisie des 19. Jahrhunderts teuer ist, ist nihilistisch; ihn aber als Lexik und Syntax von Mienen, Gesängen, Tänzen *sprechen* zu lassen, wie es das *Nô* macht, ist abermals eine Weise, ihn zu vernichten: ein "ganz und gar" durchsichtiger Körper, *Haut* und *Fleisch* des *Knochens*, der da Geist ist, unberührt von jeglicher triebhaften Trübung,

---
* ebd. Seite 111 f

Verschiebung,unberührt von jeglichem Ereignis. - Ungeachtet dessen,daß das moderne Europa über kein *Kojitsu* verfügt,d.h. über kein anerkanntes Mittel zur Beförderung der Affekte.Es verlangt Zeichen und spricht von ihnen in dem Augenblick, wo es sie entbehrt.Deswegen legt Artaud den Akzent viel stärker als Seami auf das Heilige.

7.
Soll sich das Theater also an die kritische Funktion halten,die als einzige in der Krise der Moderne zulässig ist? Das wäre Brecht.Hier genügt es nicht, daß die Gebärde der Hand stillschweigend den Zahnschmerz andeutet,die Wirksamkeit definiert sich vielmehr als ein Prozeß der Erkenntnis- oder Bewußtwerdung,d.h. als ein Prozeß der Aneignung, der Inbesitznahme der Ursache (von A).Das Theater strebt danach,erkennen zu lassen,daß es eine *Struktur* gibt,die den Zahn mit der Faust verbindet,die dieses Verhalten der Mutter Courage mit dieser Infrastruktur verbindet und jenes andere Verhalten mit jener Ideologie.Die Wirksamkeit des Theaters,die als Erkenntnis bestimmt wird, ist durch das "Bewußtsein" vermittelt.Das "Bewußtsein" ist in Wirklichkeit ein bestimmtes Sprachdispositiv, das des marxistischen Materialismus; dieses sprachliche Dispositiv bringt wiederum in die brechtsche Dramaturgie und Szenographie ein komplexes,nicht weniger präzises Dispositiv ein, das Brecht mit dem Wort "Verfremdung" zusammenfaßt.Die Verfremdung ist allem Anschein nach der Gipfel des Nihilismus:der Schauspieler vollzieht eine bestimmte Handlung in einer bestimmten Situation,doch sein Text,sein Spiel,die ganze Inszenierung bemächtigen sich dieser Handlung,um zu zeigen,daß sie *anders sein könnte*:"...daß sein Spiel noch die anderen Möglichkeiten ahnen läßt und nur eine der möglichen Varian-

ten darstellt." * Eine Prozedur,die ihr Objekt ebenso vernichtet wie die "Erzählung" des Zeugen an der Straßenecke,der,statt den Unfall zu verkörpern,durch die Rede Abstand zum Geschehen schafft.Hier kann auch Brecht das orientalische (insbesondere chinesische) Theater heranziehen: "Es handelt sich deutlich um eine Wiederholung des Vorgangs durch einen anderen Menschen,eine allerdings kunstvolle Schilderung.Der Artist zeigt: dieser Mensch ist außer sich,und er deutet die äußeren Zeichen dafür an "(zum Beispiel eine Haarsträhne zwischen die Lippen nehmen und sie zerbeißen).** - Aber kein Nihilismus kann sich erfüllen,jeder Nihilismus muß religiös bleiben: wo es Abstand zwischen A und B (das *Nihil*) gibt,soll es auch immer die Verbindung zwischen A und B *(ligare,religio)* geben.Bei Brecht dient als Religion das Sprachdispositiv des Marxismus: jedwede Wirkung,die vom Theater erwartet wird,beruht auf einem Glaubenskomplex,dergestalt,daß es nicht nur soziologische Bestimmungen gibt,die den ökonomischen Strukturen entsprechen,sondern daß diese Bestimmungen auch zugleich die tiefe Lexik und Grammatik der geschichtlichen Leidenschaften sind,daß sie die Verschiebungen der Affekte und die Besetzungen im Theater-Publikum erzeugen und regulieren. Eben deshalb heißt dieses Theater *episches* Theater. Doch leben wir ebensowenig in der Zeit der Epopöe wie in der der Tragödie oder der wilden Grausamkeit.Der Kapitalismus zerstört alle Codes,einschließlich desjenigen,der den Industriearbeitern die Rolle eines Helden der Geschichte gibt.Der Marxismus Brecht's = eine Epik,die einer Kritik aufgepfropft wird.Nach einem Jahrhun-

---

* Bertolt Brecht,*Schriften zum Theater*, Frankfurt/M. 1957,Seite 109
** ebd.,Seite 78

dert *Internationale* und einem halben Jahrhundert *Sozialistische Staaten* müssen wir sagen: der Pfropfen ist nicht angegangen, weder als Dramaturgie und Szenographie, noch als Weltpolitik. Die marxistische Semiotik ist im Theater so willkürlich als jede andere, wenn es darum geht, den Repräsentanten und das Repräsentierte in Beziehung zu setzen und den Saal durch die Vermittlung der Bühne mit sich selbst kommunizieren zu lassen.

8.
Gerade die Entfremdung, die eine nihilistische, religiöse, obendrein noch marxistische Kategorie ist, muß affirmativ gedacht werden. Ihre Bedeutung liegt nicht darin, daß sie den Abstand zu einem Ursprung, einer verlorenen Natur anzeigt, sie ist vielmehr in der Hinsicht bedeutsam, in welcher Marx sie in der *Einleitung zu einer Kritik der politischen Ökonomie*, in den *Grundrissen*, in dem sechsten (unveröffentlichten) Kapitel von *Kapital I (Resultate des unmittelbaren Produktionsprozesses)* analysiert: als *Gleichgültigkeit* des Menschen seiner Arbeit gegenüber und der Arbeit ihrem Menschen gegenüber, des Geldes gegenüber dem, was es zu kaufen erlaubt, und der Ware ihrem monetären Gegenwert (und ihrem Besitzer) gegenüber. Diese Gleichgültigkeit ist die Erfahrung der Vorherrschaft des Tauschwertes. Man sollte sie nicht länger als *Verlust von* etwas, als Verlust des Unterschieds, d.h. der Qualifizierung, der Kompetenz, der Qualität, des Gebrauchs, des Sinnes, der Übereinstimmung und des Guten denken, sondern eher positiv: sie leitet über zur Libidoökonomie, sie führt zum direkten Anschluß (ohne Repräsentation) der politischen Ökonomie an die Libidoökonomie. Das Wertgesetz stellt uns *potentiell* in eine nicht-hierarchisierte Zirkulation: wo Zahn und Handfläche nicht mehr in einem Verhältnis von Wahrheit und Illusion, von

Ursache und Wirkung, von Signifikant und Signifikat (oder umgekehrt) stehen, sondern wo sie beide unabhängig voneinander als Übergangs-Besetzungen koexistieren, die zufällig und für einen Augenblick eine Konstellation bilden, als viele kleine Unterbrechungen in der Energiezirkulation. Der Zahn und die Handfläche *wollen* nichts mehr (einander) *sagen*, sie sind Kräfte, Intensitäten, Affekte in ihrer Präsenz.

9.
Ein energetisches Theater würde tatsächlich diskontinuierliche *events* produzieren, wie die zufällig auf Zetteln notierten *Aktionen*, die John Cage auslost und den "Interpreten" des *Theater Piece* (1960) vorschlägt. Darüberhinaus bräuchte eine solches Theater statt des *sôô*, der Übereinstimmung von Tanz, Musik, Mimik, Wort, Jahreszeit, Stunde, Publikum und Nichts, eher die Unabhängigkeit, die Gleichzeitigkeit der Töne/Geräusche, der Wörter, der Körper-Figuren, der Bilder, wie sie die Koproduktionen von Cage, Cunningham, Rauschenberg auszeichnen. Wo man die Zeichenbeziehung und deren Kluft abschafft, wird die *Macht*beziehung (die Hierarchie) und folglich die Herrschaft des Dramaturgen+Regisseurs+Choreographen+Bühnenbildners über die angeblichen Zeichen und die angeblichen Zuschauer unmöglich.

10.
Angebliche Zuschauer, weil der Begriff einer solchen Person oder Funktion einhergeht mit der Vorherrschaft der Repräsentation im gesellschaftlichen Leben und besonders mit dem, was das moderne Abendland Politik nennt. Das Subjekt ist ein Produkt der Repräsentationsmaschine, es verschwindet mit ihr.

11.

Was den Ort des Theaters betrifft,so impliziert jene Affirmativität nicht nur den Untergang der hierarchischen Beziehung von Bühne/Saal,sondern auch denjenigen der hierarchischen Beziehung von Innen/Außen.Tatsächlich ist jedes Theater ein Dispositiv,das *mindestens ein Mal* verdoppelt wird(es kann auch mehrfach verdoppelt werden: *Hamlet, Marat-Sade,La prochaine fois je vous le chanterai;* es kann umgedreht werden; es kann verschoben werden: die Schauspieler spielen in den Kulissen, die Zuschauer sitzen auf der Bühne); es wird also aus zwei Grenzen,zwei Sperren gebildet,welche die Eingangs- und die Ausgangsenergie filtern:einc Grenze (1),die bestimmt, was dem Theater "äusserlich" ist (die "Realität") und was ihm "innerlich" ist; und eine Grenze (2),die das Innere aufteilt in das,was wahrzunehmen ist und was nicht (Schnürboden,Kulissen,Bestuhlung,Publikum...).Wenn das neue Theater kritisch war,bezog es sich hauptsächlich auf jene Grenze (2),wie es Neuerungen auf dem Gebiet des Bühnenbaus bezeugen.Aber die Krise betrifft gegenwärtig die Grenze(1):Bühne+Saal/"Außen".Eine selektive Grenze schlechthin: man selektiert hier die Töne,die Lichter,die Worte, die Augen,die Ohren,die Haltungen (und im Kapitalismus auch die Geldtaschen),so daß die Libidoverschiebung hinter der Ersetzung und Repräsentation verschwinden kann. "Außen" der Schmerz des Zahnes,"innen" seine Repräsentation durch das Ballen der Faust. Doch ein energetisches Theater darf nicht,im Falle der zur Faust geballten Handfläche,den kranken Zahn andeuten; und auch nicht das Umgekehrte tun.Es darf nicht unterstellen,daß dieses jenes sagen will,es soll es auch nicht sagen,wie Brecht wünschte.Es soll(durch Exzeß oder durch Tiefpunkte)die höchste Intensität dessen hervorrufen, was da ist ohne Absicht. Hier meine Frage: ist das möglich? Wie?

Der Nihilismus der herkömmlichen Bewegungen

Kinematograph heißt Einschreibung, Aufzeichnung von Bewegung. Da wird mit Bewegungen geschrieben. Allen möglichen Bewegungen; bei der Aufnahme z.B. mit Bewegungen der Schauspieler und der beweglichen Gegenstände, Bewegungen des Lichts, der Farben, des Bildausschnitts, der Brennweite; bei der Sequenz mit den bereits genannten und außerdem noch denen der Übergänge (der Montage); beim Film selbst, die des Schnitts. Quer dazu und darübergelagert verlaufen die Ton- und Wortbewegungen, die sich mit den ersteren verbinden.
Es gibt eine (wenn auch zählbare) Menge Elemente in Bewegung, eine Menge Bewegungsmöglichkeiten, die für die Einschreibung auf Film geeignet sind. Das Erlernen des kinematographischen Handwerks läuft darauf hinaus, bei der Produktion des Films eine beträchtliche Anzahl solcher möglichen Bewegungen eliminieren zu können. Der Aufbau des Bildes, der Sequenz und des Films muß anscheinend mit jenen Ausschließungen bezahlt werden.
Es erheben sich dabei zwei, in bezug auf die Diskurse der heutigen Kinokritiker wirklich naive Fragen: *Was sind das für* Bewegungen und was bewegt sich bzw. wird bewegt? Und warum ist es nötig, eine Auswahl zu treffen?
Wenn man überhaupt keine Bewegung auswählt oder aussondert, akzeptiert man das Zufällige, das Unsaubere, das Unscharfe, das Falscheingestellte, das Unklare, das Schlechtquadrierte, das Verwackelte, das Schlechtabgezogene... Sie machen zum Beispiel mit der Video-Kamera eine Aufnahme von - sagen wir mal - wunderschönen Haaren à la Saint-John Perse. Bei genauem Hinsehen stellt man fest, wie etwas

hervorsticht: plötzlich springen Ihnen Umrisse gegeneinander verschobener Inseln, steile Felswände, Sümpfe in die Augen, irritieren, fügen zu Ihrer Aufnahme eine Szene hinzu, die anderswo herkommt, die nichts darstellt, worauf man sich beziehen könnte, die aus der Logik Ihrer Aufnahme herausfällt, die nicht einmal als Einschub gelten kann, da sie ja nicht wieder aufgegriffen, wiederholt wird. Eine Szene, die nicht zugeordnet werden kann. Also schneidet man sie weg.

Wir fordern nicht ein cinéma brut, wie Dubuffet ein art brut fordert. Wir gründen keinen Verein zum Schutze der rushes und zur Rehabilitierung des Verschnitts. Wenngleich... Wir stellen fest, daß das Hervorstechende wegen seiner Abweichung beseitigt wird, um also eine Ordnung des Ganzen (der Aufnahme und/oder der Sequenz und/oder des Films) zu wahren und zugleich die Intensität, die es befördert, zu verbieten. Und die Ordnung des Ganzen hat seinen Grund einzig und allein in der Funktion des Kinos: es muß Ordnung in den Bewegungen herrschen, die Bewegungen müssen einer Ordnung folgen, sie müssen in Ordnung sein. Mit Bewegungen zu schreiben, kinematographieren, wird als stete Organisierung von Bewegung aufgefaßt und dementsprechend gehandhabt. Es gibt Regeln der Repräsentation für die Lokalisierung im Raum, Regeln der Narration für die Strukturierung der Sprache, Regeln des Genres "Filmmusik" für die Tonspur. Und der sogenannte Realitätseindruck ist in Wirklichkeit ein Ordnungszwang.

Dieser Zwang besteht in der Applikation des Nihilismus auf die Bewegungen. Keine Bewegung, woher sie auch rühren mag, wird dem Auge-Ohr des Zuschauers als das gezeigt, was sie ist: als eine simple *sterile Differenz* im Bild-Ton-Bereich. Demgegenüber *verweist* jede gezeigte Bewegung auf etwas anderes, wird als plus oder minus im Rechnungsbuch eingetragen, das der Film ist, hat nur insofern *Wert*, als sie in etwas anderem *wiederkehrt*, also eine potentielle Revenue, etwas Rentables ist. Die einzig wahre Bewegung, die im Film aufgezeichnet wird, ist also die des Wertes. Das Wertgesetz (als sogenannte politische Ökonomie) besagt , daß das *Objekt*, in unserem Falle die Bewegung, insofern Wert hat, als es in Mengen einer bestimmten Einheit gegen andere Objekte der gleichen Menge austauschbar ist. Das Objekt muß sich also bewegen, um Wert zu haben: es muß aus anderen Objekten hervorgehen ("Produktion" im engeren Sinne) und verschwinden, aber unter der Bedingung, daß *es wieder anderen Objekten Platz macht* (Konsumierung). Ein solcher Prozeß ist nicht steril. Er ist Produktion im weiteren Sinne.

Die Feuerwerkerei

Verwechseln wir einen solchen Prozeß nicht mit der sterilen Bewegung. Ein Zündholz, das angemacht wird, verzehrt sich. Wenn Sie damit das Gas anzünden, mit dem sie Wasser für den Kaffee kochen, den sie trinken wollen, bevor sie zur Arbeit gehen, ist die Verzehrung nicht steril, sie ist eine Bewegung, die zum Umlauf des Kapitals gehört: Ware-Zündholz ⟶ Ware-Arbeitskraft ⟶ Geld-Lohn ⟶ Ware-Zündholz. Wenn aber das Kind, *um zu sehen* was passiert, den roten Kopf einfach so anstreicht, liebt es die Bewegung, die Farben, die sich ineinander verwandeln, die Flamme, die auflodert, den Glanz des Lichts, den Tod des kleinen Holzstückes, sein Zischen. Es liebt also die sterilen Differenzen, die zu nichts führen, d.h. nicht egalisierbar und kompensierbar sind, es liebt Verluste - das, was der Physiker Energieschwund nennen würde.
Insofern die Lust zur Perversion verleitet, und nicht

zur Fortpflanzung, zeichnet sie sich durch jene Sterilität aus. Am Ende von *Jenseits des Lustprinzips* erwähnt Freud sie als Beispiel für die Vereinigung des Lebenstriebes(Eros) mit den Todestrieben. Er denkt allerdings an die Lust,die über die "normale" Genitalität läuft: wie jede Lust,einschließlich der,die zur hysterischen Stauung oder zum perversen Szenario führt, enthält die normale Lust die Todeskomponente, nur versteckt sie sie in einer Bewegung der Wiederkehr, die die der Genitalität ist. Die genitale Sexualität, wenn sie normal ist, ist der Anlaß zum Kinderkriegen, und das Kind ist der Wiederkömmling, die *revenue*, ihrer Bewegung. Aber die Bewegung der Lust als solcher, als eine,die von der Bewegung der Fortpflanzung der Gattung losgelöst ist, wäre , sei sie nun genital oder nicht, sexuell oder nicht, die, welche den point-of-no-return überschreitet und die libidinösen Kräfte übers Ganze hinaustreibt, um den Preis des Ganzen (den Preis des Verfalls und der Zerstörung des Ganzen).

Beim Anzünden des Zündholzes liebt das Kind diese verschwenderische Ver-Wendung (das Wort ist Klossowski teuer)der Energie.Es erzeugt in seiner eigenen Bewegung ein Simulakrum der Lust mit deren Todeskomponente.Wenn es also Künstler ist, dann gewiß deshalb, weil es ein Simulakrum schafft, vor allem jedoch, weil dieses Simulakrum nicht ein Wertobjekt ist, das ein anderes aufwiegt, womit es in Verbindung treten, sich ausgleichen und sich zu einem Ganzen neu fügen würde, das gewissen Konstitutionsregeln (einer Gruppenstruktur zum Beispiel) gehorcht. Wichtig ist im Gegenteil,daß die ganze erotische,ins Simulakrum investierte Kraft sich hier entzündet, entfaltet und einfach so verbrennt. Adorno sagt daher, die einzig wahrhafte Kunst sei die der Feuerwerker: die Pyrotechnik simuliere perfekt den sterilen Konsum der Energie der Lust. Joyce bestätigt dieses Privileg mit seiner Sequenz über den Strand im *Ulysses*. Auch ein Simulakrum im Klossowski'schen Sinne sollte in erster Linie nicht unter der Kategorie der Repräsentation aufgefaßt werden, wie wenn beispielsweise ein Darsteller die Lust nachahmt, sondern im Sinne der Kinesis-Problematik, als das paradoxe Produkt der Unordnung der Triebe, als Zerfallsprodukt aufgefaßt werden. Hier beginnt die Diskussion über das Kino und die darstellende - generell narrative - Kunst. Denn es ergeben sich zwei Möglichkeiten, um ein - insbesondere kinematographisches - Objekt aufzufassen und zu produzieren, das dem pyrotechnischen Anspruch gerecht wird. Diese beiden entgegengesetzt anmutenden Tendenzen scheinen genau die zu sein, die das auf sich lenken, was in der heutigen Malerei Intensität hat. Es ist auch möglich, daß sie in den wirklich aktiven Formen des experimentellen und des underground-Kinos am Werk sind.

Diese zwei Pole sind die Bewegungslosigkeit und der Bewegungsexzess. Indem sich das Kino von diesen Antipoden anziehen läßt, hört es allmählich auf, eine Ordnungskraft zu sein. Es schafft reine, d.h. nutzlose Simulakra, Lustintensitäten anstelle von produktiven, konsumierbaren Objekten.

Die Bewegung der Wiederkehr/Revenue

Gehen wir zunächst ein Stück zurück. Was haben jene Bewegungen der Wiederkehr, der Revenue, oder jene wiedergekehrten Bewegungen mit der Form der Repräsentation und der Narration im Massenkino zu tun? Unterstreichen wir, wie dürftig es ist, die Frage schlicht mit der Überbaufunktion einer Kinoindustrie zu beantworten, deren Produkte, die Filme, auf das Bewußtsein des Publikums einwirken sollen, um es mittels ideologischer

Infiltrate einzuschüchtern. Wenn Inszenieren ein Ausrichten, Ordnen von Bewegungen ist, dann nicht, weil es Werbezwecken, der Propaganda dient (zugunsten des Bürgertums sagen die einen und der Bürokratie ergänzen die anderen), sondern weil es Vermehrungsinteressen, der Fortpflanzung, der Propagation dient. Wie die Libido auf jene perversen Ausschweifungen verzichten muß, um die Gattung durch die normale Genitalität zu propagieren, und den "geschlechtsspezifischen Körper" zu diesem Zweck allein heranbildet, ebenso ist der Film, den der Künstler in der kapitalistischen Industrie produziert (und jede heute bekannte Industrie ist eine solche) und der, wie gesagt, aus der Eliminierung der abweichenden Bewegung, der nichtigen Verausgabung, der Differenz reiner Konsumtion hervorgeht, gleichsam wie ein vereinheitlichter und auf Fortpflanzung abgerichteter Körper, ein zusammengefaßtes und fruchtbares Ganzes komponiert, was weitergeben will, was es befördert, statt es zu verlieren. In der Ausführung (Diegese) wird dann die Synthese der Bewegungen in die Ordnung der Zeiten eingezwängt und die perspektivische Repräsentation in die Ordnung der Räume.

Was kann ein solches Einzwängen anderes sein als ein Ausrichten des kinematographischen Materials auf die Wiederkehr/Revenue? Hier sprechen wir nicht nur vom Erfordernis der Rentabilität, die dem Künstler seitens des Produzenten auferlegt wird, sondern vom Erfordernis der Form, die der Künstler dem Material auferlegt. Jede gelungen genannte Form impliziert die Wiederkehr des Gleichen, das Einholen des Verschiedenen in die identische Einheit. In der Malerei kann das eine *Paßform* oder eine *Ausgewogenheit* der Farben sein, in der Musik die Aufhebung einer *Dissonanz* im *Dominant*akkord, in der Architektur eine *Proportion*. Die Wiederholung, Prinzip nicht nur der Metrik sondern auch der Rhythmik, wenn sie im engeren Sinne als Wiederholung des Gleichen, der gleichen Farbe, Linie, des gleichen Winkels, des gleichen Akkords aufgefaßt wird, ist das Werk von Eros und Appollo, welcher die Bewegungen bändigt und sie auf die bekannten Toleranzgrenzen des Systems und des erwähnten Ganzen beschränkt.

Man hat sich diesbezüglich oft geirrt, wenn man glaubte, darin laut Freud die triebhafte Bewegung selbst zu entdecken. Freud achtet im *Jenseits...* immer darauf, zwischen der Wiederholung des Gleichen, die das Reich der Lebenstriebe signalisiert, und der Wiederholung des Anderen zu unterscheiden, die nur das Andere der zuerst genannten Wiederholung sein kann und die den Todestrieben eigen ist; insofern sie sich außerhalb eines Regimes befinden, das sich auf den Körper oder das betreffende Ganze bezieht, ist es eben nicht möglich zu unterscheiden, *was* wiederkehrt, wenn mit ihnen die Intensität höchster Lust und Gefahr, deren Träger sie sind, wiederkehrt. Dergestalt, daß man sich fragen muß, ob es sich tatsächlich um eine Wiederholung handelt oder ob im Gegenteil nicht jedesmal etwas Neues zum Vorschein kommt und ob nicht die *ewige Wiederkehr* jener sterilen Explosionen libidinöser Verausgabung als eine von der Wiederholung des Gleichen völlig verschiedene Raum-Zeit, als ihre ungleichmögliche Kopräsenz aufgefaßt werden muß. Hieraus ergibt sich ganz klar die Unzulänglichkeit *des Denkens*, welches notwendigerweise über das Gleiche, den Begriff, läuft.

Die Bewegungen des Kinos sind im allgemeinen die der Wiederkehr/Revenue, d.h. der Wiederholung des Gleichen und seiner Fortpflanzung. Das Drehbuch, das eine Verwicklung mit Auflösung ist, repräsentiert in der Ordnung der Affekte, die sich auf die "Signifikate" (die ebenso denotiert wie konnotiert sind, würde Metz sagen) beziehen, dieselbe

Auflösung einer Dissonanz wie die Sonatenform in der Musik. So gesehen ist jedes Ende gut, schon eben weil es zuende ist, selbst wenn es Mord wäre, denn auch der bedeutet die Auflösung einer Unstimmigkeit. Im Register der Affekte, die an filmische und kinematographische Signifikanten gebunden sind, wird auf jede Einheit (Brennweite,Bildausschnitt,Anschlüsse,Beleuchtung,Kopieren usw.) die gleiche Regel der Auflösung des Verschiedenen in der Einheit angewandt, das Gesetz der Wiederkehr des Gleichen durch ein scheinbares Anderssein, das in Wirklichkeit nur Umweg ist.

Die Identifikationsinstanz

Diese Regel, wo auch immer sie angewandt wird, verfährt wie gesagt, hauptsächlich über Ausschliessungen und Auslöschungen. Ausschließungen von bestimmten Bewegungen derart, daß die Profis es nichteinmal merken; Auslöschungen, die sie andererseits nicht übersehen können, da ja ein wichtiger Teil der kinemtographischen Tätigkeit sie zum Inhalt hat. Die Inszenierung besteht im wesentlichen aus solchen Auslöschungen und Ausschließungen. Dadurch daß sie z.B. die Spiegelreflexe vor und/oder nach der Aufnahme beseitigen, verurteilen der Kameramann und der Regisseur das gefilmte Bild zu der heiligen Aufgabe, für das Auge erkennbar zu sein, und verlangen vom Auge, daß es sich dieses Objekts oder dieses Objektkomplexes bemächtigte,als sei es das Dublikat einer von nun für wirklich gehaltenen Situation. Das Bild ist repräsentativ, weil es wiedererkennbar ist, weil es sich an das Gedächtnis der Augen, an festgesetzte, bekannte, d.h. "allzu bekannte", nämlich etablierte Identifikationspunkte wendet.
Solche Anhaltspunkte machen die Identität aus, an der sich die Wiederkehr und die Revenue der Bewe-

gungen mißt.Sie bilden die Instanz (oder die Instanzengruppe), an welcher alle Bewegungen hängen und dank welcher sie notwendigerweise eine zyklische Form annehmen. Sehr wohl können dabei Abweichungen, Störungen, Auslassungen, Verluste, Auflösungen entstehen, die nun jedoch keine echten Ver-Wendungen,keine sich verlierenden Abwege mehr sind, sondern letzten Endes nur nützliche Umwege. An diesem Punkt der Wiederkehr zwecks Identifikation fügt sich die als Synthese von richtigen Bewegungen aufgefaßte kinematographische Form in die zyklische Organisation des Kapitals ein.

Ein Beispiel unter tausenden: in *Joe c'est aussi l'Amérique* (ein Film, der ganz auf den Wirklichkeitseindruck abgestimmt ist) kommt ein und dieselbe Bewegung in zwei Versionen vor, das erste Mal, wenn der Vater den jungen Hippie,mit dem seine Tochter lebt, totschlägt, das zweite Mal, wenn er seine Tochter, ohne es zu wissen,beim "Säubern" einer Hippiekommune mit dem Gewehr tötet. Diese letzte Sequenz endet mit der stehenbleibenden Großaufnahme des Gesichts und des Oberkörpers der jungen Frau, die in voller Bewegung getroffen wird. Im ersten Mord sieht man Fäuste auf ein wehrloses Gesicht hageln, das alsbald in Ohnmacht fällt. Diese beiden Effekte - der eine aufgrund des Stillstands, der andere aufgrund eines Übermaßes von Beweglichkeit - werden entgegen den Regeln der Repräsentation erzielt, die fordern, daß die wirkliche, mit 24 Bildern/pro Sekunde aufgenommene Bewegung bei der Projektion mit der gleichen Geschwindigkeit wiedergegeben wird. Man könnte folglich in dem Maße auf eine starke Affektladung rechnen, in dem diese stärkere oder schwächere Pervertierung des realistischen Rhythmus bei starker Erregung auf die des organischen Rhythmus reagiert. Und das geschieht tatsächlich. Jedoch zugunsten der filmischen Totalität und summa summarum der Ordnung: denn jene beiden Arhythmien treten eben nicht als Abweichungen auf, sondern immer auf den Höhepunkten der Tragödie, dem unmöglichen Vater/Tochterinzest, der dem Drehbuch zugrundeliegt. So können sie wohl die repräsentative Ordnung bis hin zur zeitweiligen Aufhebung der üblichen filmischen Auslöschungsfunktion stören, nützen aber nichtsdestoweniger der narrativen Ordnung, die sie durch einen schönen melodischen Bogen untermalen, wobei der erste Mord im Zeitraffer seine Auflösung im zweiten Mord findet, wenn die Bewegung angehalten wird. Das Gedächtnis, an das sich die Filme richten, ist in sich selbst nichts, wie auch das Kapital nichts ist als eine kapitalisierende Instanz. Das Gedächtnis ist eine Instanz, ein Ensemble leerer Instanzen, die überhaupt nicht aufgrund von Inhalten vorgehen; das *richtige* Licht, die *richtige* Montage, das *richtige* Mischen sind nicht richtig, weil sie der perzeptiven oder sozialen Realität entsprechen, sondern weil sie a priori die szenographischen Operateure sind, die im Gegenteil bestimmen, welche Objekte auf dem Bildschirm *und in der "Wirklichkeit"* aufzunehmen sind.

Die Exszenierung

Die Inszenierung ist keine "künstlerische" Tätigkeit, sie ist ein allgemeiner Vorgang, der alle Tätigkeitsbereiche betrifft, ein zutiefst unbewußter Vorgang des Auswählens, des Ausschließens und des Auslöschens. Mit anderen Worten, die Inszenierungsarbeit vollzieht sich auf zwei Ebenen zugleich und dies ist das allerrätselhafteste. Auf der einen Seite läuft diese Arbeit schlicht darauf hinaus, die Realität hier und den Spielplatz dort (ein "Reales" oder ein im Objektiv befindliches "Dereales") zu trennen: Inszenieren heißt dann diese Trennungslinie ziehen, den Rahmen abstecken, heißt mitten in einem Komplex, der ideo facto als verantwortlich gesetzt wird (man könnte ihn beispielsweise *Natur* oder *Gesellschaft*, oder *letzte Instanz* nennen), das Gebiet wo Verantwortung aufhört abstecken, und also zwischen dem einen und dem anderen Gebiet eine Repräsentations- oder Verdoppelungsbeziehung herstellen, die notwendigerweise mit einer relativen Abwertung der Realitäten der Szene einhergeht, die dann nur noch Repräsentanten der Realitäten der Realität sind. Aber andererseits, und hiervon untrennbar, soll die Funktion der Repräsentation gewährleistet werden, muß die Arbeit der Inszenierung nicht nur, wie gesagt, gleichzeitig eine Exszenierung sein, sondern auch eine Arbeit, die *alle* Bewegungen *rings um* den Bildausschnitt vereinheitlicht, die *hier* und *dort* , in der "Realität" wie im Realen *die gleichen Normen* durchsetzt, die alle Impulse gleichermaßen einer Instanz unterstellt und die folglich *nicht weniger ex scena* als in scena ausschließt und auslöscht. Die gleichen Merkmale, die sie dem Filmobjekt auferlegt, legt sie notwendig auch jedem Objekt außerhalb des Films auf. Sie unterscheidet also zunächst und dank der theatrischen Grenze auf der *Achse der Repräsentation* zwischen Realität und ihrem Double, und diese Disjunktion ist ganz klar eine Verdrängung; aber jenseits dieser Disjunktion auf der Ebene der Repräsentation eliminiert sie außerdem, in einer ökonomischen, "prätheatrischen" Ordnung, jede *Bewegung, von der Impulse ausgehen, ob sie nun dem Realen oder Derealen angehören, Bewegung also, die sich der Verdopplung entzieht,* jede Bewegung also, die der erinnerungsfähigen Identifikation, Wiedererkennung und Einprägung entflieht. Unabhängig von jedem "Inhalt", so "gewaltsam" er auch aussehen mag, handelt die Inszenierung, wenn man sie unter dem Blickwinkel dieser allwichtigen Ausschlußfunktion betrachtet, die sich ebenso auf das "Äußere" wie auf das Innere des Kinoareals erstreckt, handelt sie also immer als ein Faktor der Libidonormalisierung. Diese Normalisierung besteht, wie man sieht, im Ausschluß all dessen, was sich in scena nicht auf dem Körper des Filmes und ex scena nicht auf dem sozialen Körper niederschlagen kann.

Der *Film*, dieses seltsame, für normal gehaltene Gebilde, ist nicht normaler als die Gesellschaft oder der *Organismus*; seine Objekte, die keine Objekte sind, resultieren alle aus dem Durchsetzen und Erhoffen einer erfüllten Totalität; sie sind dazu bestimmt, die Vernunftaufgabe par excellence zu lösen, nämlich alle sterilen und divergenten Partialtrieb-Bewegungen der Einheit des organischen Körpers unterzuordnen. Der Film ist der organische Körper der kinematographischen Bewegungen. Er ist die *Ekklesia* der Bilder, so wie die Politik die Ekklesia der sozialen Partialorgane ist. So sind die Inszenierung als Technik des Ausschließens und Auslöschens, als politische Tätigkeit par excellence, und diese als Inszenierung par excellence die Religion der modernen Irreligion, das Ecclesiastische des Laientums, denn weder hier noch dort ist das Hauptproblem der Hang zur Repräsentation und die damit verbundene Frage, was wie zu repräsentieren sei, das Hauptproblem besteht also nicht darin, die richtige oder echte Repräsentation zu definieren, sondern die Ausschließung oder die Verwerfung all dessen, was, weil nicht rekurrent, für nicht darstellbar gehalten wird, also unerträgliche Vorstellungen erweckt.

Der Film verfährt wie der orthopädische Spiegel, dessen für das Subjekt und für das Objekt a konstitutive Funktion Lacan 1949 analysiert hat. Es ändert nichts an seiner Funktion, daß er auf der Ebene des sozialen Körpers wirkt. Das wirkliche Problem aber, das Lacan aufgrund seines Hegelianismus umgeht, ist nämlich, *warum* die auf dem polymorphen Körper verstreuten Triebe ein Objekt *brauchen*, wo sie sich vereinigen können. In einer Philosophie des Bewußtseins sagt dieses letzte Wort deutlich genug, daß dieser Vereinheitlichungsdruck hypothetisch gegeben ist, und sogar die Aufgabe einer solchen Philosophie ist; in einem "Denken" des Unbewußten, das der Pyrotechnik der Form nach sehr verwandt ist und das Freud hier und da als Ökonomisches skizziert hat, kann sich das Problem der Herstellung einer, wenn auch imaginären Einheit nur noch in seiner ganzen Undurchsichtigkeit stellen. Man sollte nicht mehr so tun, als verstünde man die Bildung der Einheit des Subjekts ausgehend von seinem Bild im Spiegel, vielmehr sollte man fragen , wie und warum die *Spiegelfläche* im allgemeinen, und also der kinematographische Bildschirm im besonderen, ein privilegierter Ort libidinöser Besetzung werden kann, wie und warum die Triebregungen sich auf der dünnen Haut, auf dem Filmmaterial niederlassen und es sich sozusagen entgegenstellen als Ort ihrer Einschreibung und darüberhinaus als Träger, den das kinematographische Verfahren samt und sonders beseitigen wird. Eine Libidoökonomie des Kinos müßte buchstäblich die Operatoren erst erstellen, die dann im sozialen und organischen Körper die Abweichungen ausschließen und die Triebregungen in dieses Dispositiv kanalisieren.Es ist nicht sicher, ob der *Narzißmus* oder der *Masochismus* dafür die geeigneten Operatoren sind. Sie schleppen noch einen viel zu großen Gehalt an Subjektivität (an Ich-Theorie) mit sich.

Das lebende Bild

L'Acinéma fände sich demnach an den beiden Polen des Kinos,das wir als Graphie der Bewegungen betrachtet haben: also am Ort der äußersten Immobilisierung und der äußersten Mobilisierung. Nur für das *Denken* sind diese beiden Modi unvereinbar. Für die Ökonomik sind sie dagegen notwendig verbunden; die Verblüffung, der Schrecken, der Zorn, der Haß, die Lust, alle Intensitäten sind immer Verschiebungen an Ort und Stelle. Man sollte das Wort *Erregung* (Emotion) wohl als eine bis zur Selbsterschöpfung gehende *Regung* analysieren, als Immobilisierungsbewegung, als immobilisierte Mobilisierung. Die Darstellungskünste bieten zwei symmetrische Beispiele für solche Intensitäten, im einen handelt es sich um die Unbeweglichkeit, das "lebende Bild", im anderen um die Unruhe, die lyrische Abstraktion.

Es gibt in Schweden die Institution des sogenannten *Posering* - ein Wort, das auf die *Pose*, die der Porträtfotograf gerne hätte, zurückgeht; junge Frauen vermieten an spezialisierte Häuser ihre Dienste, welche darin bestehen, die von den Kunden gewünschten Posen mit oder ohne Kleidung einzunehmen, wobei der Status jener Häuser, die mit der Prostitution nichts zu tun haben, den Kunden verbietet, die Modelle auf irgendeine Weise zu berühren. Eine Anstalt, wie maßgeschneidert für die Phantasmatik Klossowskis - man weiß ja um die Bedeutung, die Klossowski dem lebenden Bild als fast vollkommenem Simulakrum des Phantasmas in seiner paradoxen Intensität zuschreibt. Man muß aber sehen, wie sich in diesem Fall das Paradox aufteilt: die Immobilisierung betrifft anscheinend nur das erotische Objekt, wohingegen das Subjekt von höchster Erregung ergriffen wird.

Das ist indessen nicht so einfach wie es scheint, dieses Dispositiv ist wohl so zu verstehen, daß *es auf beiden Körpern*, dem des Modells wie dem des Kunden, die Segmentierung der Zonen höchster erotischer Intensivierung durch *einen von beiden* bewirkt, den des Kunden, dessen Integrität infolgedessen für unversehrt gehalten wird. Eine solche Formulierung, deren Nähe zur Sade'schen Problematik der Lust auf der Hand liegt, legt, was uns betrifft, folgendes nahe: wenn das lebende Bild ganz allgemein ein bestimmtes libidinöses Potential enthält, so weil es zwischen der theatrischen Ordnung und der ökonomischen Ordnung Kommunikation stiftet, so weil es "ganze Personen" als einzelne erogene Zonen benutzt, an denen sich die Triebe des Zuschauers festmachen können (man hüte sich alles allzuschnell dem Voyeurismus zuzuschlagen). Es läßt also den *Preis* spüren, den unbezahlbaren Preis, wie es Klossowski so wunderbar erläutert, den der organische Körper, die vermeintliche Einheit des vermeintlichen Subjekts zahlen muß, damit die Lust in ihrer irreversiblen Sterilität ausbricht. Genau diesen Preis müßte das Kino zahlen, wenn es zum ersten seiner Extreme, zur Immobilisierung tendiert: denn diese (die nämlich nicht die Immobilität ist) läuft darauf hinaus, ständig die gängige Synthese, die jede kinematographische Bewegung mit sich bringt und verbreitet, aufzulösen, damit statt der angemessenen, gelungenen, vereinheitlichenden Formen, die sie zur Identifikation anbietet, das Bild durch seine faszinierende Paralyse Anlaß zu höchster Erregung bietet. Eine ganze Reihe von Lehr- und underground-Filmen könnte diese Tendenz zur Immobilisierung illustrieren.

Man müßte hierzu das Dossier einer Affaire von einiger Wichtigkeit öffnen: Wenn Sie Sade oder Klossowski lesen, dann verteilt sich, wie Sie sehen, das Paradox der Immobilisierung klar auf der Achse der Repräsentation. Das Objekt, das Opfer, die Prostituierte, nimmt die Pose ein und bietet sich so als abgetrennte Zone an, *aber zugleich muß sie sich als ganze Person entblößen und erniedrigen.* Die Anzüglichkeit von letzterer ist ein unentbehrlicher Faktor für die Intensivierung, da sie den unschätzbaren Preis für die Ver-Wendung der Triebe anzeigt, die die perverse Lust vornimmt. Für diese Phantasmatik ist es also wesentlich, repräsentativ zu sein, d.h. dem Zuschauer Identifikationsinstanzen, erkennbare Formen und schließlich Erinnerungsmaterial zu liefern. Denn, wiederholen wir es, die intensive Erregung wird nur spürbar, wenn dies überschritten wird und die Ordnung der Fortpflanzung entstellt wird. Es folgt daraus, daß der Träger des Simulakrums, sei dies nun die Syntax der Beschreibung beim Schriftsteller, der Film des Fotografen Pierre Zucca (der *la Monnaie vivante* illustriert?), oder das Papier des Zeichners Klossowski - es folgt daraus, daß dieser Träger selbst keiner nennenwerten Perversion ausgesetzt werden darf, so daß diese nur das, was er trägt, nämlich nur die Repräsentation des Opfers beeinträchtigt: sie läßt ihn also in der Gefühllosigkeit oder im Unbewußten. Daraus ergibt sich der aktive Einsatz Klossowskis für das Plastische der Repräsentation und seine Bannflüche gegen die abstrakte Malerei.

Die Abstraktion

Was geschieht nun aber, wenn umgekehrt an den Träger selbst auf perverse Weise Hand angelegt wird? In solchem Fall werden das Filmmaterial, die Bewegungen, die Beleuchtung, die Scharfeinstellung darauf verzichten, das erkennbare Bild eines Opfers oder eines unbeweglichen Modells zu produzieren und sie werden die Triebregung und -verausgabung in Kauf nehmen, ohne daß sie den Phantasiegebilden ausgeliefert werden. Der Film selbst (im Falle der Malerei die Leinwand) wird zum Körper des Phantasmas, zum Phantasiegebilde. Die ganze lyrische Abstraktion in der Malerei ist auf eine

solche Verschiebung gegründet. Sie impliziert eine Polarisierung, doch nicht mehr in Richtung auf die Unbeweglichkeit des Modells, sondern in Richtung auf die Beweglichkeit des Trägers hin. Diese Beweglichkeit ist das glatte Gegenteil von der kinematographischen Bewegung: sie gehört zu jenem Verfahren, das die schönen Formen, die die kinematographische Bewegung suggeriert, auflöst, wie elementar oder komplex dieses Verfahren auch immer wirkt. Sie verhindert die Synthesen der Identifizierung und macht die erinnerungsfähigen Instanzen zunichte. Sie kann also sehr weit in Richtung einer *Ataraxie* von ikonischen Bestandteilen gehen, die man indessen noch als Mobilisierung des Trägers verstehen muß. Aber diese Art Vernichtung der Bewegung *durch ihren Träger* darf nicht mit derjenigen verwechselt werden, die über den paralysierenden Angriff auf das als Motiv dienende Opfer abläuft. Man braucht nicht nur kein Modell mehr, sondern auch das Verhältnis zum Körper des Kunden-Zuschauers ist völlig verschoben.
Wie entsteht die Lust vor einem großen Gemälde von Pollock oder Rothko, vor einer Studie von Richter, Baruchello oder Eggeling? Wenn es keine Referenz auf den Verlust des vereinheitlichten Körpers mehr gibt, wenn er also nicht mehr mittels Immobilisierung des Modells und seiner Zweckentfremdung zu partiellen Entladungen erscheint, von welch *unschätzbarem Wert* ist dann die Disposition, die der Kunde-Zuschauer dafür mitbringt? Das Repräsentierte hört auf, Libidoobjekt zu sein, und die Leinwand selbst tritt rein formal an dessen Stelle. Die *dünne Haut* wird nicht mehr zugunsten des Fleisches aufgegeben, sie bietet sich im Gegenteil als das sich zur Schau stellende Fleisch selber an. Doch welchem *vereinheitlichten Körper* ist sie entrissen, auf daß der Zuschauer sie genießt und sie ihm unbezahlbar erscheint? Angesichts der leichten Schauer, die die

chromatischen Streifen der Bilder Rothkos auslösen, sobald man in ihren Kontaktbereich tritt, oder angesichts der fast unmerklichen Verschiebung der kleinen Gegenstände oder Organe bei Pol Bury, kann *der Körper des Zuschauers selbst* nur um den Preis des Verzichts auf seine Körpertotalität und auf die Synthese der ihm Existenz verleihenden Bewegungen genießen: diese Objekte verlangen nicht mehr die Paralyse des Modell-Objekts, sondern des Kunden-"Subjekts", den Zerfall seines eigenen Organismus, die Beschränkung der Übergangs- und Entladungswege der Libido auf sehr kleine Partialregionen (Auge-Kortex), die Neutralisierung fast des ganzen Körpers durch eine Spannung, die nur das Aufspüren sehr feiner Differenzen als Fluchtweg für die Triebe offenläßt. So ergeht es einem auch, nur auf andere Weise, mit den Effekten der Bewegungsexzesse eines Pollock in der Malerei oder eines Thompson (Arbeit mit dem Objektiv) im Kino. Der abstrakte Film und die abstrakte Malerei kehren das Dispositiv um, indem sie den Träger opak machen und den Kunden zum Opfer. Ähnlich auch, doch wohl etwas anders, geht es in den kaum wahrnehmbaren Verschiebungen des Nô-Theaters zu.

Die für unsere Zeit entscheidende Frage, da sie die Inszenierung wie die Sozialisierung (Exszenierung) betrifft, ist folgende: Ist es für eine intensive Lust notwendig, daß das Opfer in Szene tritt? Falls das Opfer der Kunde ist, d.h. wenn nur der Film, der Bildschirm, die Leinwand, der Träger in Szene tritt, vergeuden wir dieses Dispositiv dann an die Intensität der sterilen Entladung? Wenn dem so ist, muß man dann nicht endlich auf die kinematographische und auch soziale und politische Illusion verzichten? Gehört diese Illusion nicht dazu? Ist es eine Illusion, dies zu glauben? Muß sich die Wiederkehr der extremen Intensitäten notwendigerweise mit dieser leeren Dauerhaftigkeit, diesem Phantom vom organischen Körper und Subjekt, das der *Eigenname* ist (der dabei aber nicht zustandekommen kann), einstellen? Worin unterscheidet sich diese Einstellung (Instanzierung), diese Liebe von jener Verankerung in nichts, die das Kapital ausmacht?

Die Malerei als Libido-Dispositiv

(Im Stile einer improvisierten Rede)

I. Voraussetzungen

1. Über Begehren als Wunsch und als Libido

Wenn wir hier das Begehren in die Betrachtung der Malerei einführen wollen, dann gewiß nicht,um es zum wahren Gehalt der Malerei zu machen,zu "dem was" wirklich malen würde. Nicht um es zum Geheimnis ihres Begriffes zu machen (der Inbegriff des Malens wäre das Begehren!),nicht um es zum letzten Bezugspunkt jeglicher Malerei zu machen,jegliche Malerei verwiese auf das Begehren.Nicht um es zum wahren Gehalt der Malerei zu machen,jegliche Malerei hätte zum wahren Gehalt eine...was weiß ich... libidinöse Bedeutung....Man muß sofort klar sehen,daß es sich nicht darum handelt,das Begehren an die Stelle dessen zu setzen,was das 18. Jahrhundert die Natur nannte oder was Delacroix das Gefühl nannte. Es ist nicht ein anderes Wort, das an die gleiche Stelle zu setzen wäre. Wenn man dieses Wort so benutzt,wie es viele Psychoanalytiker grosso modo tun,wenn sie von Malerei sprechen, d.h. wenn man das Unbewußte an die Stelle setzt, wohin man im 18. Jhdt. die Natur setzte,wenn man einfach Worte austauscht,ohne das Gebiet,mit dem man sich beschäftigt,ganz und gar zu verändern, dann ist diese Substitution unnütz.
Das Begehren - das ist ein Freud entlehnter Term. Nun gibt es in Freuds Werk selbst ein tiefes,nicht nur umständliches,sondern wohl entscheidendes Zögern,was die Stellung und die Funktion des Terms Begehren angeht. Es gibt zwei Pole: einmal Begehren als Wunsch,der eine Negativität impliziert,die Dynamik impliziert,die Teleologie,Dynamik mit einem

Ziel,impliziert,der Objekt,Abwesenheit,verlorenes Objekt impliziert und der auch Erfüllung,so etwas wie eine Füllung, des Wunsches impliziert. Das ganze bildet ein Dispositiv,welches dem Begehren einen Sinn, eine Richtung zuschreibt.Der andere Pol der Kategorie Begehren bei Freud ist Begehren als Libido,Lust,Prozeß,Primärvorgang.Eben das wird in *Jenseits des Lustprinzips*,dem berühmten Text von 1920,herausgearbeitet.Dieser Text behandelt das Doppelregime des Prozesses,das Regime des Eros und das Regime des Todestriebes.Aber ohne bei diesen beiden Regimes zu verweilen,fällt mir auf,daß es sich bei Eros wie beim Todestrieb(ich wiederhole nochmals,daß es sich nicht um zweierlei Triebe,sondern um zwei Trieb-Regimes,zwei Bereiche von Energie handelt),in beiden Fällen um einen Prozeß von Energiezuflüssen und deren Abfluß in dem handelt,was Freud einen psychischen Apparat nennt und was übrigens ebensogut der Körper sein könnte oder gar Körperstellen, -teile, -organe,Partialorgane.
Und in beiden Fällen,beim Eros wie beim Todestrieb,also stets aufseiten von Begehren als Libido, stößt man auf einen nicht-finalen, aber repetitiven Charakter dieses Prozesses. Wenn Freud von der Wiederholung spricht, die Wiederholung genauso im Falle des Eros wie im Falle des Todestriebes ist, hat man es in beiden Fällen mit einer Wiederholung zu tun, aber einer Wiederholung,die je nach Regime verschieden ist; und die Kategorie der Wiederholung,die in diesem Augenblick eingeführt wird, steht in "Widerspruch",wenn dieses Wort hier einen Sinn haben kann, zur Kategorie der Finalität,die im Wunsch (im Original deutsch) enthalten ist. Wiederholung auf der Ebene des Konstanzprinzips,auf der Ebene der Regulierung des betreffenden Apparates,hinsichtlich Eros,also Wiederholung unter der (wie die Kybernetiker sagen) Referenzeinheit des betreffenden Systems,das ist Eros.

Wiederholung unter Null,unter Referenz auf Null *oder* unter Referenz auf das Unendliche,wie man will,unter der Referenz der Abwesenheit von Einheit (Sie werden mir erwidern,daß ich die Abwesenheit wiedereinführe,aber das läßt sich erklären), aber Wiederholung unter Bezug auf etwas anderes als den erwähnten Apparat, das wird Todestrieb genannt.Die Energiezufuhr,die in den Apparat eintritt,wird ohne Rücksicht auf das Konstanzprinzip,das den Apparat reguliert,abgeführt.In beiden Fällen hat man es mit Positivität zu tun:ob es nun im Apparat reguliert wird oder den Apparat entregelt,das Begehren wird als Umwandlungsenergie gesetzt.

Hier nehme ich Begehren also in der zweiten Bedeutung,im Sinne von Libido,im Sinne eines Prozesses,das Begehren als Produktivkraft,als eine Energie,die zu Umwandlungen und Verwandlungen fähig ist,und als eine Energie,die einer Doppelherrschaft unterstellt ist: zunächst dem Regime des Dispositivs oder Systems, in dem sie kanalisiert wird,in dem sie zum Arbeiten gebracht wird,in dem sie bestimmte Effekte produziert,d.h. de facto in etwas anderes verwandelt wird. Das ist,um mit Freud zu sprechen,das Konstanzprinzip,die Verbindung aus Eros und Realitätsprinzip.Und en passant sehen wir die tiefe Übereinstimmung zwischen einer solchen Betrachtung der Libido als Prozeß und dem,was Marx Kraft,Arbeitskraft nennt,welche das ganze System unterhält.Bei Marx handelt es sich um dieselbe Energie,die,wie die des Eros, einem Konstanzprinzip untergeordnet wird,das im Rahmen des Kapitalismus das Wertgesetz ist,d.h. die Segmentierung in Einheiten und die Austauschbarkeit jener Einheiten vermöge einer höchst einfachen Kategorie,der Gleichheit der Werte (seien es Energiequantitäten,seien es Arbeitsquantitäten).

Und schließlich die Libido, die dem anderen Regime angehört, das was wir "Nicht-Regime" nennen, denn wir sind, wenn wir sprechen, in einem Diskurssystem, das ein geregeltes System ist, und folglich können wir vom anderen (ungeregelten) Regime nur negativ sprechen. Von der Energie, die in diesem anderen Regime zirkuliert, können wir nur sagen, daß sie störend, ungeordnet, zersetzend ist, Tod (wie Freud sagt). Wir können nur Negatives über sie sagen, was aber daran liegt, daß wir uns an einem Ort befinden, wo diese Regulierung des Triebes auf Null oder auf Unendlich hin tatsächlich nur als Entregelung erscheinen kann.
Tatsächlich handelt es sich um dieselbe Energie, und sie ist nicht weniger positiv als die , die in den Netzen des Systems kanalisiert wird. Man könnte denken, daß es in diesem "Regime" hier einen Überschwang an Positivität gibt, so wie Nietzsche z.B. von einem "Überschwang der Lust" spricht. Man könnte sie als Chemismus im Gegensatz zum Biologismus thematisieren, man könnte sie als Materialität oder Bestialität wie bei Bataille thematisieren, es bleibt dabei, daß ihr die Wiederkehr, die Wiederholung von Unordnungen im Konstanzbereich, von Hemmungen, Stauungen (sagt Freud), Krisen (sagt Marx) zugeschrieben werden muß - und dies als Hypothese formuliert wird - , so daß bestimmte Regionen des Systems als Zonen des Leidens, der Unordnung erscheinen.
Führt man das Begehren in die Problematik der Malerei ein, so rekurriert man tatsächlich auf eine Libido-Ökonomie, und dadurch unmittelbar auf eine politische Ökonomie, weil es völlig unmöglich ist, die eine von der anderen zu trennen, die eine artikulieren zu wollen ohne ihre Verbindung mit der anderen zu artikulieren. Man sollte das Begehren als eine arbeitende Energie denken (Freud drückt sich in diesem Sinne klar aus: ich denke an eine

Fußnote am Ende des Kapitels über die Traumarbeit,wo er den Analytikern vorwirft,nur auf den manifesten Inhalt und auf die latenten Gedanken zu achten,während das einzig wichtige die Arbeit sei,d.h. wie man vom einen zum anderen kommt, wie das Begehren arbeitet). Das Wichtige ist die Energie,insofern sie Umwandlung,verwandelt und umgewandelt,ist z.B. wie Traumgedanken in manifesten Inhalt umgewandelt, beeinflußt, verkettet, entstellt,zerstückelt,neuzusammengesetzt,zersetzt, geglättet werden, oder auch die Art,wie die Energie von einem freibeweglichen Aktivitätszustand in einen Ruhezustand übergeht.

Hier sehen Sie,daß wir ganz in die Nähe der Malerei gerückt sind: wie sich plötzlich eine Gebärde in Farbe umsetzt,die auf eine bestimmte Weise auf einen bestimmten Untergrund aufgetragen wird, oder umgekehrt,wie eine Farbe,die da ist,die man angeschaut hat,von neuem Energie bei demjenigen in Gang bringt,der sie betrachtet,sei es als Affekt oder Tanz oder anderswie. Ein edler Mensch wird zu tanzen beginnen,ein schlechter (abendländischer) Mensch zu reden...

Einerseits wiederholt sich also diese Energie,wiederholt sie unendlich Positionen,Besetzungen,die in Dispositiven gefangen sind; aber andererseits löst sie diese Dispositive auf,löst sie die Energiedepots auf,bringt sie sie im Überschwang erneut in Umlauf,verflüssigt und vermischt sie alles; Energie als Ordnung und Unordnung zugleich,als Eros und als Tod,und dies immer zusammen.

2. Über eine Lyse

Betrachtet man die Malerei aus dieser Sicht,vom Standpunkt der Ökonomie,und will man die Tragweite dessen ermessen, so ist zunächst zu sagen, daß die Region des Pikturalen als eine der Schönen

Künste, als Institution zerstört werden muß, daß ihre Pseudo-Autonomie, die eine ideologische Autonomie ist, zerstört werden muß und daß man also systematisch, von Anbeginn auf die Gewohnheit verzichten muß,sich z.B. auf den "Akt" des Malens (mit der ganzen im "Akt" enthaltenen Theologie),auf ausdrückliche oder nichtausdrückliche Intentionen des Malers,gar auf das "Unbewußte" des Malers zu beziehen.Ich denke da an P. Kaufmanns Arbeit über den "emotionalen Raum"*,wo er insbesondere mit Bezug auf van Gogh betont,daß die Malerei eine chromatische Sprache ist,eine Sprache mittels Farben,die retroaktiv den Platz wiederbesetzt,der durch das Zurücktreten des Diskurses des Vaters frei geworden war (welch' ausgezeichnete kleine metaphysische Maschinerie; der Vater spricht nicht,das schafft Leere und ich,in dieser Leere,ich werde die Farben sprechen lassen). Ebenso lebhaft muß man auf die Gewohnheit verzichten,die Malerei als Superstruktur oder Überbau zu denken und von der sogenannten "Klassen"-Funktion der Malerei-Institution, worüber man übrigens nicht viel Klarheit gewonnen hat, zu reden.
Vielmehr muß man damit beginnen,die Malereiregion *aufzulösen*,und mittels einer Art *Lyse* vorgehen,die eben keine Analyse ist,weil absolut nicht gewährleistet ist und auch nicht aus sich heraus verständlich,daß man schließlich elementare Konstitutionsprinzipien herausbekommt.(Man wird schlicht und einfach immer Energetik finden.)Und diese Auflösung wird von der modernen Malerei selbst durchgeführt: es genügt,die Augen aufzumachen,den Energiefluß durchzulassen,den die Malerei überall in Gang setzt, um wahrzunehmen,daß eben jene Auflösung im Gan-

* P. Kaufmann,*L'expérience emotionelle de l'espace*, Paris 1967.

ge ist,daß diese Malerei in der Ordnung der pikturalen Einschreibung eine Auflösung vollzieht,die derjenigen analog ist,die Marx als Bezeichnung für die ökonomische Einschreibung,für die politische Ökonomie verwendet,dieselbe Auflösung,d.h. eine Art Zerstörung der Kodes,die Bereiche abstecken, dasselbe Überschwappen von Energie auf alle Formen. Alles verschwimmt "in den kalten Gewässern der egoistischen Berechnung",sagt Marx. Doch erstens sind sie nicht so kalt, und zweitens,wer ist dieses Ego? Wohingegen, was den Kapitalismus betrifft,es sicher Berechnung gibt,da es ein Tauschgesetz gibt,das dasjenige der Segmentierung und Austauschbarkeit von Energieeinheiten (welche wiederum in Form von Waren segmentiert werden) ist.

Die Frage *der* Malerei geht aus dem sehr eigenartigen Dispositiv der Moderne,des Kapitals, hervor. Das Kapital stellt seine Probleme nicht in Sinnkategorien (Marx beschreibt den Kapitalismus nicht als ein Sinnsystem). Der Kapitalismus stellt seine Probleme in Kategorien von Energie und Energieumwandlung:Umwandlung von Rohstoffen,Umwandlung von Apparaten,Produktion von Apparaten,manuelle,intellektuelle Arbeitskraft,Produktion,Umwandlung dieser Arbeitskraft,Geld ... schlicht Energie,die zirkuliert, ausgetauscht wird,d.h. die sich umsetzt.Es gibt also eine Art Polymorphie dieser Energie; sobald etwas nach dem Wertgesetz austauschbar,umsetzbar ist,ist alles gut,paßt alles zusammen - austauschbar sein ist die einzige Bedingung.Nun,es gibt eine Polymorphie der modernen Malerei,die von einer ähnlichen Auflösung der Objekte,der Zustände, der Konfigurationen,der Orte,der Arten herrührt, welche bis jetzt die Institution Malerei ausmachten. Man muß von dieser Tatsache ausgehen und dabei bleiben, sie vor allem nicht verlassen,man muß sich in diese Wasser stürzen,in die Wasser der Auflö-

lösung der Malerei-Institutionen,in die Wasser der Lösung,der Vervielfältigung der Orte und der Weisen dieser Einschreibung.
Sie finden in einem Text von Alain Kirili,den er zusammen mit Sollers verfaßt hat und der *Spuren,Einschreibungen,Markierungen* heißt,die folgende Bemerkung: "die Teilung der intellektuellen Produktion in Malerei und Literatur ist selbst das Zeichen der Willkür der herrschenden abendländischen Kultur,denn Malen und Schreiben gehören zu ein und derselben Einschreibungsarbeit." Voll damit einverstanden, - man muß aber viel weiter gehen: nicht nur die Aufteilung Malerei/Literatur und nicht nur die Aufteilung Buchstabe/Linie sind schlichtweg willkürlich - (Kirili sagt des weiteren: das Wichtige ist die Einschreibung,also die Piktographie,denn in der Piktographie bilden Literatur und Malerei einen einzigen Block,noch bevor sie sich teilen),man muß darüberhinaus sagen,daß Literatur,Malerei *und Ökonomisches* einander genau entsprechen.Warum die ökonomische Einschreibung davon ausnehmen? Das Ökonomische ist eine Markierung; Produzieren ist gewissermaßen eine Einschreibung.
Was also ist diese Auflösung der Malerei? Unmöglich,all ihre Charakteristika aufzuzählen,als da sind die Collagen,der Gebrauch von Werkstoffen,die manchmal auf die Leinwand aufgeklebt sind,von Schrott,von Fotografien,die Verwendung von Industriefarben,ein neues Einschreibungswerkzeug wie die Spritzpistole,neue Verfahren um die Leinwand zu spannen,Siebdruckverfahren und eine unglaubliche Vielfältigkeit von "Szenographien",der Kubismus,der Surrealismus,der Neo-Realismus,der Realismus,der abstrakte Expressionismus... eine Art Explosion,die in alle Richtungen geht und die natürlich jede Nomenklatur in Kategorien der Kunstgeschichte in Frage stellt. Eine solche Auflösung, die Tatsache,daß die Abschottungen und dann die

Dispositive, die das Wo und Wie der chromatischen Einschreibung regelten, durchlässig werden, eine solche Explosion dürfte auch auf uns, die wir von Malerei sprechen, Auswirkungen haben – im energetischen Sinne natürlich – auf der Ebene unserer Sprache: zumindest dürfte durch diese Auflösung der chromatischen Einschreibung auch eine Auflösung der theoretischen Einschreibung hinsichtlich der Malerei bewirkt werden. Man sollte darauf gefaßt sein, daß auch das theoretische Dispositiv ebenso wie das pikturale oder das ökonomische Dispositiv in die Brüche geht.

Wenn Sie die *Salons* oder den *Versuch über die Malerei* von Diderot lesen, haben Sie einen Diskurs über Malerei, der die Malerei glossiert, d.h. versucht, innerhalb einer Sprachordnung Dispositive zu errichten, die denjenigen analog sind, die Diderot als pikturale, d.h. im wesentlichen repräsentative Dispositive beschreibt. Wenn Sie die Texte von Daniel Dezeuze und Louis Cane, den Mitgliedern der Gruppe *Support-Surface*, lesen, dann haben Sie einen theoretischen Diskurs, der keine Glosse, sondern so etwas wie ein Metasprechen ist, das die Metasprache der Malerei zu sein beansprucht. Man kann sich fragen, ob die Absicht, weiterhin einen theoretischen Diskurs über die Malerei zu erstellen, weiterhin eine Metasprache samt Lexik und Syntax auszuarbeiten, für die die Malerei das entsprechende Interpretationsfeld wäre, ob ein solches Vorhaben nicht unzeitgemäß ist, nicht von einem Diskursmodell herrührt, das gerade in der Malerei-Praktik keine Entsprechung mehr findet, da die Dispositive, die die pikturale Einschreibung regulieren, heute vermöge ihrer Vielfalt eine Art Non-Dispositiv bilden. Gerade wenn die Malerei tendenziell in Energiemetamorphosen aufgeht, in dieselben Energieumwandlungen, die der Kapitalismus alle Institutionen durchlaufen läßt, ist dann die Produktion eines theoretischen Diskurses, dessen Modell

im Wesentlichen (wie bei Dezeuze und Cane) linguistisch ist, nicht ebenso anachronistisch, wie wenn Marx vor dem Kapitalismus ein Metasprechen des Kapitalismus hätte schaffen wollen, dessen Modell semantisch gewesen wäre - so wie es seine Vorläufer gemacht haben -, wohingegen im Grunde das Produzierte eine Art Gegenwert in Worten für "sinnlose" energetische Prozesse ist, die den Kapitalismus ausmachen. Mir scheint, daß die Produktion eines theoretischen Diskurses über die Malerei - theoretisch im heutigen Sinne, d.h. im Sinne einer Metasprache, deren Modell zwangsläufig linguistisch oder streng sprachlich ist - darauf hinausläuft, im diskursiven Bereich wieder ein Dispositiv aufzubauen, das die Malpraktik, d.h. das Interpretationsfeld, das es zu verstehen gilt, gerade im Begriff ist zu liquidieren bzw. zu verflüssigen.
Ehe wir etwas verstehen wollen, sollten wir lieber versuchen, das Energetische, das bei der Malerei eine Rolle spielt, statt es in ein theoretisches Dispositiv umwandeln zu wollen, zu verflüssigen und in eine Art Zufallsproduktion im Sinne von John Cage zu überführen. Wir sollten gerade nicht versuchen, die Frage der Malerei in dem Sinne zu lösen, daß wir ihren Sinn fest-stellen, sondern vielmehr die Frage auflösen, in dem Sinn, daß deren Stauungen durchbrochen werden, einschließlich der Theorie als "Stauung". Hier fühle ich mich den Analysen Daniel Charles* oder den Artikeln von Daniel Buren viel näher - obwohl bei Buren die kritische Dimension noch sehr ausgeprägt ist. Dezeuze und Cane haben begriffen, daß man Freud mit Cézanne kritisieren sollte, sie haben allerdings nicht gesehen, daß man zudem - mit Pollock z.B. - Kritik an einem marxistischen Theorismus üben sollte.

* Vgl. Daniel Charles, *John Cage oder Die Musik ist los*, Berlin 1979.

Malen hieße also,Farben,Pigmente einschreiben,chromatische Einschreibungen hervorbringen.Kirili sagt: "Malen und Schreiben gehören zu ein und derselben Arbeit,der der Einschreibung". Das stimmt,aber es sagt zuviel und zuwenig.Schwimmen ist auch eine Einschreibungsarbeit.Vielleicht muß man dennoch sagen,daß die pikturale Einschreibung es spezifisch mit Farbe zu tun hat,daß sie eben dadurch spezifiziert wird.Malen hieße Libidoauftragungen auf der Farbe durchzuführen und dann dieses Ganze, die chromatisierte Libido,auf einen Untergrund aufzutragen.Einschreibungsarbeit in diesem Sinn.

3. Über Sprach-,Malereidispositive

Solche Verkopplungen unterstehen gewissen Dispositiven.Es gibt Energiebesetzungen,Energiestaus, die die Energie leiten und ihre Umwandlung über gewisse Kanäle sicherstellen.Die Hand nimmt den Farbstift und verstreicht die Farbe auf den Lippen. Das ist pikturale Einschreibung,Malerei.Offensichtlich haben wir es mit einem Energiedispositiv zu tun: die Kanalisierung der Energie in die Hand,den Arm,die Weise,wie die Farbe auf die Lippen aufgetragen wird,all das ist geregelt.
Die eine Hand nimmt eine Schablone,auf der Fläche der anderen liegt Eisenoxydstaub,der Mund bläst,und schon haben wir ein Dispositiv. So bemalten unsere Vorfahren ihre Höhlen, das ist Malerei gemäß einem bestimmten Dispositiv.
Der Fotoapparat fängt Lichtenergie ein und schreibt sie auf den Film ein: ist das Malerei? Warum nicht? Das Auge erfaßt das entwickelte und projizierte Foto,die Hand zieht das Foto im Maßstab 1 : 100 auf einem Träger nochmals ab: ist das Malerei?Jede Menge Leinwände von Pop und Hyperrealisten wurden so hergestellt.Das ist ein Dispositiv, das geht, es läuft.

Eine Hand taucht einen Pinsel in eine Flüssigkeit und trägt sie auf die Fingernägel der anderen Hand auf - auch ein Dispositiv.
Die beiden Arme heben einen Farbtopf in die Höhe, der Mann steigt auf eine vorhandene Bühne,schüttet den Inhalt auf eine Leinwand,die auf dem Boden ausgebreitet ist - auch das ist ein Dispositiv. All das ist pikturale,chromatische Einschreibung.
Ein Glas,eine Glasscheibe (Beschreibung eines besonders irrsinnigen Dispositivs,das dem entspricht, was man im Abendland zwischen dem 15. und 19. Jhdt. "Malerei" nennt) wird zwischen das Objekt und das Auge gestellt.Das Kinn wird mit einem Metallkinnband so festgeschnallt,daß sich der Kopf nicht bewegen kann; die Hand zeichnet den Umriß des Objekts auf das Glas (man darf nicht vergessen,ein Auge zuzumachen); diese Skizze wird auf eine Leinwand übertragen; und dann füllt man die Bereiche mit Farben aus,die durch den Strich abgesteckt sind. Das ist das Dispositiv Leonardos und Dürers. Letzterer ist so weit gegangen,von diesem Dispositiv Stiche anzufertigen: wir haben hier Wiederholungen über Wiederholungen über Wiederholungen.
Das Dispositiv ist ein Schaltplan,der die Energie,ihre Zufuhr und ihre Abfuhr als chromatische Einschreibung kanalisiert und reguliert.
Hier ein einfaches Modell eines solchen Dispositivs anhand eines Textes von Hans Bellmer; in der *Kleinen Anatomie des körperlichen Unbewußten oder Die Anatomie des Bildes* schreibt er,"daß die verschiedenen Ausdrucks-Kategorien:Körperhaltung,Bewegung,Geste,Handlung,Ton,Wort,Graphisches,Gegenstandsgestaltung...aus ein und demselben Mechanismus heraus geboren werden,daß ihre Entstehung eine gleiche Struktur aufweist.Der elementare Ausdruck,jener,der nicht von vornherein Mitteilbarkeit beabsichtigt,ist ein Reflex.Welchem Bedürfnis,wel-

chem Antrieb des Körpers mag er entsprechen? Was bedeutet, unter den von einem Zahnschmerz provozierten Reflexen, die heftige Muskelreaktion der Hand und der Finger, deren Nägel sich schmerzhaft in die Hand bohren? Diese verkrampfte Hand ist ein künstlicher Erregungsherd, ein 'virtueller Zahn', der den Blut- und Nervenstrom vom wirklichen Herd des Schmerzes ablenkt, ihn zu sich hinleitet, um ihn zu entwerten. Der Zahnschmerz ist dadurch geteilt, bildlich verdoppelt, auf Kosten der Hand, deren 'logisches Pathos' sichtbarer Ausdruck geworden ist. Soll man daraus folgern, daß die heftigste wie die unmerklichste Reflexbewegung des Körpers, des Gesichts, eines Gliedes, der Zunge, eines Muskels in dieser Art zu erklären sei , das heißt als Tendenz einen Schmerz abzuleiten und zu zerteilen, ein virtuelles Erregungszentrum dem reelen Erregungszentrum entgegenzuhalten? Dies scheint gewiß und führt uns dazu, die wünschenswerte Kontinuierlichkeit unseres Ausdruckslebens als eine Folge befreiender Übertragungen zu begreifen, die vom Übel zu seinem Bilde hinführen. Der Ausdruck und das, was Lust in ihm ist, ist ein verlagerter Schmerz, er ist eine Befreiung."* Dieses Kapitel trägt als Motto einen Satz von Paracelsus: "Der Skorpion heilt den Skorpion". Der Schmerz dort heilt den Schmerz hier. Ich habe gegenüber diesem Text Vorbehalte, weil er bestimmte Kategorien verwendet: den "Ausdruck", die höchst beunruhigende Kategorie der "Tendenz einen Schmerz abzuleiten und zu zerteilen", "die Befreiung" usw. Aber Bellmer versteht und beschreibt Entscheidendes richtig: die De-Lokalisierung der Energie durch eine Re-Lokalisierung anderswo (die Energie fließt zum Zahn, dann Verschiebung und Bündelung in einer anderen Zone, der Handfläche z.B.). Da haben

---

* H. Bellmer, *Die Puppe*, Frankfurt/Berlin/Wien 76, S. 73

Sie also ein Energie-Dispositiv,einen Transformator,der offenbar ausschließlich die Transformation der Energiestellen bewerkstelligt und darum "einfach" ist. Man könnte viel komplexere Dispositive wählen: sprachliche Dispositive,die Benveniste als Erzählung und Diskurs*beschreibt.Sie verweisen auf unterschiedliche Aussageebenen (was wiederum auf eine bestimmte Linguistik des Aussagens verweist,folglich auf ein bestimmtes,linguistisches - nicht nur sprachliches,sondern eben linguistisches - *Dispositiv*,d.h. auf ein theoretisches Dispositiv,das sich auf die Sprache bezieht,in das sich die Sprache selbst einschreibt). Relevant sind folgende Eigenschaften:

- In der Erzählung wird nur die dritte Person gebraucht,und die dritte Person ist keine Person: vom Standpunkt des Aussagens her ist eine Person ein Subjekt,das hier und jetzt spricht oder sprechen kann: *ich* und *du*.*Er* ist der,der nicht spricht.
- Für die Erzählung gibt es im Französischen eine selektive Gruppierung für den Gebrauch der Zeiten,die Benveniste die Zeiten des Aorist nennt: das *passé simple*,das *imparfait*,das *plus-que-parfait*,das *prospectif* (ein Beispiel für prospectif: "der Handelskrieg im Mittelmeerraum zwischen den nördlichen Völkern und den Semiten *sollte* bis zur Zerstörung von Karthago *nicht aufhören*." "sollte nicht aufhören", das *prospectif* ist das Kennzeichen der Zukunft in der Zeit der Erzählung). Unter den Gebrauchsmöglichkeiten der Zeiten gibt es also im Französischen Blockierungen,Ausschließungen,Filter - bestimmte Zeiten sind erlaubt,andere nicht.
- Für den Diskurs , im Sinne von Benveniste,benutzt man dagegen die erste und zweite Person und

*vgl.hierzu auch *Über eine Figur des Diskurses*, in: J.-F.Lyotard,*Intensitäten*,Berlin 1978,S.59ff

als Zeiten das Präsenz, das Perfekt und das Futur.
Benveniste hat die Gegenüberstellung dieser Aussageebenen nur unter dem Gesichtspunkt der Zeiten und der Personen ausgearbeitet. Aber darin ist implizit enthalten, was die Linguisten die Aspekte und Modalitäten nennen. Die Aspekte und Modalitäten sind im Französischen nicht eigentlich markiert, doch sind sie Merkmale, die sich auf das Verhältnis zwischen dem Subjekt des Aussagens und dem Subjekt des Ausgesagten beziehen, Merkmale, die sich ebenso auf das Verhältnis zwischen der Zeit des Aussagens und der Zeit des Ausgesagten beziehen. Nehmen wir einen einfachen Ausdruck wie "er trat auf": er hat seinen Ort unmittelbar in der Erzählung, auf der "Aussageebene" der Erzählung: ein typisches Beispiel für die dritte Person und die Zeit des Aorist, das französische *passé simple*. In diesem Ausgesagten sind jedoch außerdem enthalten: 1.) ein Aspekt, der das Verhältnis Aussagender/Ausgesagtes betrifft; wenn Sie "er trat auf" sagen, weiß man nicht, ob der Aussagende dabei war oder nicht, der Aussagende bleibt gewissermaßen im Dunkeln; - 2.) ein Aspekt, der den Modus des Prozeßverlaufs kennzeichnet: "er trat auf" ist punktuell; - 3.) eine Modalität, die den Modus der Behauptung kennzeichnet; Modus der Affirmation usw... Wenn Sie diese Gruppe von Modalitäten nehmen, werden Sie das sehen, was Benveniste die Zeiten des Aussagens nennt - das ist viel mehr als nur eine Zeitengruppe, das sind echte sprachliche Dispositive, *es sind Verkettungen, die die Ausrichtung der Energieströme auf das Feld der sprachlichen Einschreibung bewirken, also die Kopplung der Libido an die Sprache als Einschreibungsfläche bestimmen* (und dieses bringt die berühmten "Sinneffekte" hervor).
Sie haben da also das Aussieben nach Möglichkeiten: es gibt das Diskursdispositiv, das Erzählungs-

dispositiv, das Theoriedispositiv. Sie haben Abgrenzungen von sprachlichen Modalitäten; im Fall der Erzählung haben Sie z.B. das Erzählen als eine Art Abgrenzung, woran der Mythos, die Erzählung, der Roman, die Historie, das herkömmliche Filmdrehbuch sich ankoppeln. *Sie haben eine Umwandlung der Libidoenergie in Objekte (hier Sprachobjekte), d.h. Konkretionen ruhender Energie*, tote Arbeitskraft, sagte Marx, ruhende Energie in Form von Sprachdispositiven, die sich ihrerseits in Affekte, Erregungen, in körperliche Einschreibungen verwandeln (die Leute beginnen zu träumen, sobald sie Ihrer Erzählung zuhören) oder sogar in Kriege, Rebellionen, semiotische oder "ökonomische" Glossen - d.h. diese Energie, die da ruht, will Wirkungen auslösen, will in "Effekte" umgesetzt werden.

Im Dispositiv der Erzählung haben wir es mit einem Energietransformator zu tun, der allerdings viel komplexer ist als die Hand und der Zahn kurz zuvor; es gibt hier Verschiebungen, Modalitäten und Einschreibungsflächen. Es gibt zahlreiche mögliche Malerei-Dispositive. So haben Dezeuze und Cane versucht, eine Nomenklatur all dessen, was im "Malen" mitspielt, zu erstellen. Sie heben z.B. eine Kategorie von Gesten hervor: Gestus des Fingers, Gestus des Handgelenks, Gestus des Ellbogens, Gestus der Schulter, Gebaren des Körpers (sie vergessen den Gestus des Mundes, des Fußes). Eine Kategorie von Werkzeugen: Pinsel, Stichel, Stift, Klinge, Spachtel, Meißel, Schwamm oder Wattebausch, Stempel, Presse, Preßluft, Zerstäuber, Pistole. Eine Kategorie des Mediums: das Wasser, das Öl, das Benzin, das Harz, die Tinte, der Klebstoff, das Wachs usw. Und außerdem gibt es das Pigment selbst, das nicht kategorisiert wird. Dann gibt es den Träger: Papier, Leinwand, Plastik, Holz, Stein, Metall. Dazu kommt die lebendige Arbeitskraft; wie wird sie verfahren? Mittels Klecksen, Projektion, Sprühen, mittels Drucken, Imprägnie-

ren,Grundieren,Pressen(die Frottage wurde vergessen); mittels Strich: Graphik,Strich,Schnitt, Ritzen,Decoupage; mittels Punkt: graphische Punkte, Perforation; durch Faltung: Falzen und Plätten. Jedes Malerei-Dispositiv ist eine Kombination von Elementen,die aus diesen verschiedenen Produktionsmitteln ausgewählt werden.
Eine solche Kombination ergibt z.B. die Drucke von Yves Klein (große,weiße Leinwände und nackte,blau bemalte Menschen ,die sich der Leinwand aufprägen). Dezeuze und Cane sprechen von "signifikanten Praktiken" oder von "überdeterminierten Praktiken"; ich fürchte,dies sind sehr ideologische Anleihen.Interessant ist der Versuch,alle möglichen Dispositive , alle möglichen Energiekopplungen,die chromatische Einschreibung produzieren,aufzuzählen. Weitere müßten hinzugefügt werden: warum befindet sich z.B. unter den Trägern nicht die Haut? Tätowierung ist auch Malerei. Wenn unser abendländisches Dispositiv die Tätowierung ausgrenzt,oder zumindest den "Mackern" vorbehalten hat,d.h. sie entwertet und als Beweis von Rohheit festgeschrieben hat,dann heißt dies noch lange nicht,daß es sich hierbei nicht um Malerei handelt. Das Schminken ist die Tätowierung ohne Risiko,es ist,wie Levinas sagen würde,die Versuchung der Versuchung der Tätowierung.Aber auch das Schminken ist noch nicht als Malerei anerkannt,weil es nicht "fein genug" ist, denn es handelt sich um die Haut,und weil in unserem Dispositiv der Träger Haut nicht "fein genug" ist,was aber nichts daran ändert,daß sie als Träger für das Malen geeignet ist. Einer wie Klein vollzieht den Bruch des abendländischen Malerei-Dispositivs mit seinen Zwängen,mit seinen Zensuren,weil in dem Moment,wo er nackte Leute bemalt und sie auf einer Leinwand abdrückt,die Haut ernst genommen wird. Sie wird nicht als Träger ,sondern als Vehikel der Kopplung ernst genommen.Es gibt auch

noch den Sand: die Puebloindianer malen auf Sand, sie nehmen Pigmente und legen sie auf dem Sand zurecht. Wenn bei uns der Sand nicht für eine Oberfläche gehalten wird, dann deshalb, weil es im abendländischen Dispositiv eine Kategorie des Werkes gibt: es muß bleiben und im Sand bleibt es nicht. Die Indianer setzten sich darüber hinweg, nur das abendländische Dispositiv ist konservatorisch. Gehört es zum Wesen der Malerei, daß die in Form chromatischer Einschreibung abgelagerte Energie in Form von chromatischer Spur übrigbleibt? Wenn es im Winde, der sich für einen Augenblick verfärbt, verweht, so sind die Indianer zufrieden und denken, es beweise, daß die Einschreibung eine Verbindung mit den allgemeinen Energiekreisläufen eingehe. Man könnte auf Felsen malen oder sogar auf Wasser (Vorschlag eines Land-Art-Künstlers auf der Biennale von Venedig: das Wasser des Hafens von New York rot färben).

Man weiß, daß bei uns der Ort der Einschreibung eng umgrenzt ist: die Gemälde, die pikturalen Einschreibungen werden in Häusern, besonders in unbewohnten Häusern, Museen, Galerien, Ausstellungsorten deponiert. Auch hier hat man es mit einer Disposition zu tun, die den *Ort* der pikturalen Einschreibung bestimmt, und die ebenso fremdartig ist wie Dürers Kinnband: die pikturalen Einschreibungen würden gewissermaßen auf Eis gelegt, um sicher zu gehen, daß die Malerei-Energie aufbewahrt wird. Eine Disposition, die aus energetischer Sicht analysiert werden muß. Wenn man die pikturale Einschreibung als chromatische Einschreibung im allgemeinen ernst nimmt, dann muß man sagen, daß die Illustrierte, die Kleidung, das Schminken, das Design ebenfalls Malerei sind, also Dinge, wo sich alltäglich Energie umwandelt.

Hinsichtlich der Modalitäten muß man eine weitere Gruppe von wichtigen Elementen in das Dispositiv einfügen,nämlich die Beziehung der Einschreibung zum Träger: *duldet* die chromatische Einschreibung den Träger,*verschleiert* sie den Träger oder *hebt* sie den Träger *hervor*? Ich benutze absichtlich Begriffe,die einer bestimmten Problematik der Repräsentation entlehnt sind (der von D.Buren). Man könnte die Begriffe,die sich auf die Problematik des Ökonomischen beziehen,beibehalten und dann sagen: *übermittelt* die Einschreibung dem Träger etwas? entlehnt sie dem Träger seine eigene Energetik? kommuniziert sie nicht mit ihm vom libidinösen Gesichtspunkt aus und neutralisiert derart dessen Energie? Ich möchte jetzt über Varianten jenes letztgenannten Teils des Malerei-Dispositivs sprechen, nämlich über die Beziehung der Einschreibung zum Träger,was selbst wiederum mit der Beziehung des Trägers zum Ort der Einschreibung verbunden ist.

II. Analysen

Sie erinnern sich an die *Einleitung* von 1857,in welcher Marx sagt,mit dem Kapitalismus entstehe die Arbeit als Kategorie.Dies bedeutet nicht,daß die vorhergehenden Gesellschaften nicht arbeiteten, sie arbeiteten auch,aber es bedurfte dieser leeren Allgemeinheit der kapitalistischen Arbeit,der abstrakten,gleichgültigen Arbeit,um die Dispositive der Kanalisierung und Ausbeutung der Arbeit in den vorkapitalistischen Ökonomien a contrario begreifen zu können. Da alle Dinge gleichwertig sind,bedarf es jenes Fließenden der Energetik in der heutigen Malerei, um zu verstehen,daß es sich schon in den vorhergehenden Malerei-Dispositiven um Energetik handelte,aber daß jene Energetik auf eine Weise kanalisiert war,die es nicht erlaubte,sie offen als Energetik hervorzuheben, und sie also unter anderen Vorzeichen hervorbrachte.Wenn man im Auge behält,daß die Malerei nicht als gesonderter Bereich existiert, kann man sich sehr gut vorstellen, daß manche Gesellschaften die chromatische Einschreibung nicht libidinös *aufladen*; man kann sich vorstellen, daß die Farbe nur dazu dient, ein Objekt zu markieren, und daß sich die ganze libidinöse Aufladung auf die Fortbewegung dieses Objekts, seine Schenkung oder seine Zerstörung, bezieht; es kann sein, daß die Farbe nur ein Signal, ein Kennzeichen ist, das "sagt" : hier ist ein Objekt, das in einem Potlatch weggeschenkt werden kann, oder: hier ist ein Objekt, das als Erinnerung bewahrt werden soll. Offensichtlich ist, daß das chromatische Energiepotential in einem derartigen Dispositiv verdrängt, vernachlässigt, beseitegelassen wird: die Farbe ist nicht der besetzte Bereich, sie kennzeichnet den besetzten Bereich (kein Fließen, sondern Eingrenzen des Flusses). Ich möchte zeigen, daß sogar im Abendland Varianten in der libidinösen, plastischen, politischen Ökonomie möglich sind, daß Malerei-Dispositive (die nicht einfach pikturale, sondern libidinöse, politische sind) auftauchen und verschwinden, daß es energetische Mutationen gibt, die als Brüche in der Synchronie und nicht in der historischen Diachronie betrachtet werden können: zu einem gegebenen Zeitpunkt können mehrere Malerei-Dispositive und mehrere ökonomische Dispositive sehr wohl an der Oberfläche einer Gesellschaft koexistieren; es gibt aber darüberhinaus Augenblicke, wo man an der Oberfläche ein neuartigen Dispositivs auftauchen sieht, und zwar zunächst als Lokalisierung von pikturaler, aber wohl auch von ökonomischer Einschreibung. Als in Flandern Mitte des 14. Jahrhunderts neue Organisationsformen beginnen, die Energie Arbeitskraft und dann die Rohstoffe zu erfassen, und später die ersten Fabriken ihren Betrieb aufnehmen, entstand ein komplettes Dispositiv zur Erfassung, Lokalisierung und Umwandlung der Energie, das völlig neu ist.

Ereignisse dieser Art gibt es auch in der Malerei.

1. Hin zum Politischen

Nehmen wir zunächst eine Gruppe von vier Bildern:
- 1. Kommentar des Abts Beatus von Liebana über die *Apokalypse des Hl. Johannes*, Saint-Sever (Mitte des 11. Jhdts.)
- 2. Piero della Francesca (ca. 1445,erste Generation der italienischen Perspektivisten) *Geißelung* (Palazzo Ducale,Urbino)
- 3. Detail eines Freskos von Ambrogio Lorenzetti (Mitte des 14.Jhdts.),*Stadt* (Pinacoteca Nazionale, Siena)
- 4. Francesco di Giorgio?(Schule von Piero della Francesca,ca. 1465), *Die ideale Stadt*(Palazzo Ducale,Urbino).

Jedes dieser vier Bilder beruht auf einem anderen Dispositiv,und dennoch handelt es sich immer nur um winzig kleine Variationen im Verhältnis zur Gesamtheit aller möglichen Dispositive.

Die Apokalypse in Saint-Sever

Zunächst die formale Herangehensweise: Aufzählung und Charakterisierung der Elemente der pikturalen Einschreibung.Zuerst das lineare Einschreiben im engeren Sinne.Da haben wir,was die Linguisten festgelegte Syntagmen nennen: nehmen Sie den Flügel des Engels rechts oben und denjenigen des Engels links unten,es ist derselbe Umriß,nur umgekehrt,dasselbe Verfahren,dieselbe Einschreibung. Nehmen Sie den oberen Teil des Überrocks rechts oben und nehmen Sie den Bolero des Johannes rechts unten,es ist dasselbe.Nehmen Sie den Fuß Christi oder die Hände und diejenigen darunter,sie sind gleich.Sie haben lineare Einschreibungseinheiten,die echte Syntagmen sind,sie sind unabhängig, es sind große lineare Einheiten,man nimmt sie,setzt

sie zusammen und man bringt Gestalten im üblichen Sinne hervor. - Leroi-Gourhan * macht dieselbe Beobachtung bei der Malerei des Paläolithikums:er stellt fest,daß die Kurve eines Pferderückens dieselbe ist wie die eines Bisonrückens; auch hier hat man den Eindruck,ein Syntagma vor sich zu haben,d.h. ein festgelegtes lineares Dispositiv.Da haben Sie sozusagen eine Piktographie im strengen Sinne,nicht im Sinne von Graphie mit Farbe,sondern von Schrift aus Linien, Schrift mit Linien.
Wenn Sie andere Elemente klassischer Einschreibung, die Körpermodellierung oder den Farbwert,nehmen, sehen Sie,daß es diese hier nicht gibt.Das Interesse an einem Dispositiv besteht immer sowohl in dem, was es ausschließt,wie in dem,was es einschließt - wie das bei der Erzählung und dem Diskurs deutlich wurde. Da gibt es weder Modellierung noch Farbwert,auch nicht den leisesten Versuch,das Körperliche der Gestalten in Erscheinung treten zu lassen,es gibt keine Tiefe.Es handelt sich um eine Art Kalligraphie.
Wenn Sie nun das chromatische Dispositiv im engeren Sinne untersuchen,bemerken Sie einen Gegensatz,ein allgemeines System von Gegensätzen in Blau und Rot,Sie haben ein bichromatisches System mit nichts als Rosa und sehr verdünntem Rot auf den Kleidern des Engels,auf dem Thron und auf den Flügeln; und dann haben Sie immer dasselbe Braun:die Frisur,die Haare.Sie stellen auch eine Umkehrung der Linie fest (denn die Linien sind selber chromatische Elemente,es gibt keine Linearität in Schwarz und Weiß,es sind Farblinien),und folglich haben Sie Systeme von Linien,die sich zur Farbe komplementär verhalten: rote Linie auf blauem Grund,blaue Linie auf rotem Grund,rote Linie auf weißem Grund

---

* vgl.André Leroi-Gourhan,*Hand und Wort*,Frankfurt/M. 1980,Kapitel VI.

usw. usw. Sie haben hier also eine mögliche kleine Kombinatorik.Man könnte auch sagen,daß die Farbe als ein Kennzeichen funktioniert,dann aber verläßt man den Rahmen einer formalen Analyse.Man könnte zeigen,daß der Herr mit einem roten Gewand bekleidet ist und in einen blauen Mantel gehüllt ist,was ganz dem byzantinischen Kode entspricht,weil er ja ein Mensch-und-Gott ist.
Wenn Sie jetzt die Beziehung zwischen der Einschreibung,dem Bildträger und dem Ort anschauen,so müssen Sie bedenken,daß es sich um die Illustration eines heiligen Buches handelt,das dazu bestimmt ist, im Klerus zu zirkulieren und an wiederum geweihten Orten zu verbleiben: in der Abtei, der Schatzkammer der Abtei, den Bischofspalästen usw...
Die Fragen,die wir(den *Limites critiques* von D.Buren folgend)uns stellen müssen,sind folgende:

1.) Verdecken das Medium,das Pigment oder die Farbe den Träger? Lassen sie vergessen,daß das Bild mitten auf einer Buchseite niedergeschrieben ist? Aus zwei Gründen würde ich das verneinen: zum einen wird die skriptorische oder Buchstaben-Einschreibung auf dem Bildträger selbst wieder aufgegriffen. Oben lesen Sie den Text: "ubi angelus a domino librum accipit" ("wo der Engel vom Herrn das Buch erhält"), und unten "Johannes spricht mit dem Engel". Wir haben es hier mit einer üblichen Inschrift zu tun. *Worauf* ist sie geschrieben? Wenn Ph. de Champaigne eine Votivtafel für die Heilung seiner Tochter in Port-Royal anfertigt,schreibt auch er auf die Wand.Auf welche? Auf die Zellenwand,auf der er seine Tochter und Schwester Agnes darstellt? Oder auf den plastischen Träger,die Leinwand? Man könnte annehmen,daß in jedem Fall diese Schrift genau dazu bestimmt ist,zu zeigen,daß es einen Bildträger *gibt*, und daß dieser Träger der *reale* Ort ist, den die (perspektivistische) Malerei *versteckt* (vgl. Louis Marin). Hier ist ein Ort, ein Träger (das Buch der Apokalypse), der ausschließt, daß die chromatische Einschreibung den leisesten Eindruck von Illusion gewinnt. Außerdem ist da die Ausschmückung des Rahmens, der auf die geschriebenen Seiten verweist.

2. Verdeckt die Fläche die Tatsache, daß es eine Rückseite des Bildes gibt? Ist das, was hinter der Malerei, hinter der erhabenen Leinwand ist, vorhanden oder ist es, wie in der Staffeleimalerei, unbekannt? Antwort: bei einer Handschrift ist die Rückseite wiederum eine Schriftseite; da wir es also mit Folios zu tun haben, die beidseitig beschrieben sind, versteckt die Fläche nicht die Tatsache ihrer Rückseite.

3. Verdeckt der Träger, verdeckt das Buch mit seinen chromatischen Inschriften den Ort, an dem sich diese befinden, so wie das Museum das Werk aus seinem Kontext reißt? Nein, der unmittelbare Ort der Bilder ist ein Buch, dieses Buch ist an einem heiligen Ort, dieser heilige Ort ist ein Ort innerhalb der Gesellschaft, im Energiekreislauf und in der Zirkulation energiehaltiger Objekte. All das ist in der christlichen Kultur des 11. Jahrhunderts ausdrücklich geregelt. So daß man in einem solchen System, auf die Fragen, die die Moderne an die Repräsentation stellt, jedesmal antworten kann: es *gibt keine* Verschleierung.

Was heißt nun heilig, geheiligt? Daß die Libido mit ihrer Ambivalenz von Eros-Todestrieb in stabile Dispositive investiert, gebunden, kanalisiert wird, die den Dispositiven der entsprechenden Gesellschaft (des 11. abendländischen Jahrhunderts) isomorph sind. Auf der einen Seite haben Sie ein sprachliches Dispositiv, das direkt auf das Vorbild der christlichen Mythos-Erzählung aufgebaut ist.

"Er erschien",das ist der Kern jeder mythischen Erzählung und genau darum handelt es sich im Christentum: "er erschien,er verschwand,er wird wiedererscheinen". Parallel dazu haben Sie ein Dispositiv auf einer eher gestischen,körperlichen Ebene,das ist das Dispositiv des Opfers,das rituelle Dispositiv der heiligen Messe,die eine Projektion des Erzähldispositivs ist.
Jene beiden Modalitäten der Libido-Einschreibung sind zutiefst isomorph (siehe Marcel Mauss). Ferner haben Sie ein feudal-klerikales Dispositiv, das ökonomisch ist,ein Dispositiv aus Gabe und Gegengabe,das ziemlich komplex ist.Einerseits gibt es *Potlatch,Verausgabung,Prestige*: wenn der Abt Gregorius sich den Luxus geleistet hat,einen Mönch zu unterhalten,um diese Bilder malen zu lassen, dann darum,weil die Abtei von Saint-Sever in einer Ökonomie des Prestiges tatsächlich aus dem Vorhandensein jenes Objekts in ihrer Schatzkammer einen enormen Prestigegewinn zieht.Und wenn darüberhinaus die Abtei dieses Objekt *hergibt*,so ist das eine Potlatch-,eine Verausgabungs-Handlung, durch die das Objekt in eine höchst libidinöse Zirkulation von Ladungen und Entladungen,Übertragungen und Gegenübertragungen gerät.Folglich haben Sie hier ein "ökonomisches" Dispositiv,das ebenso zweideutig wie das Wort Ökonomie ist.Wenn die Abtei das Buch und die Bilder aufbewahrt,so deshalb,weil man nicht mehr zu den Wilden gehört,weil man schon in der Erhaltung,in der Schatzbildung und vielleicht schon in der Ökonomie der *Sparsamkeit* und nicht mehr in derjenigen der Verausgabung lebt.Hier gibt es beides,Ambivalenz. In jedem Fall aber schreibt sich unser Bild in diese Ökonomie ein.
Ich glaube,es gibt eine weitgehende Isomorphie zwischen diesen unterschiedlichen Dispositiven,die die Energie auf unterschiedliche Einschreibungsgebiete

lenken. Die Sprache, die stark körperliche Zone aus Fleisch und Blut, die beim Opfer eine Rolle spielt, und der ökonomische, der "Güter"-Bereich sind isomorph mit dem Malerei-Dispositiv. Man kann auf dem Bild von Saint-Sever zeigen, auf welche Weise es mit den anderen Orten der Einschreibung verbunden ist: zu sagen, daß es seinen Träger nicht verschleiert, heißt, daß dieses Bild mit einem Buch verbunden ist, das seinerseits mit dem sprachlichen Dispositiv verbunden ist. Denn dieses Bild, selbst wenn es nur als Signal gilt, kann nur als Signal gelten, wenn es auf das sprachliche Dispositiv des christlichen Mythos verweist, wenn es für Leute wiedererkennbar ist, die letzteren kennen. Es ist indessen wertlos, wenn sie es nicht daran festmachen, wenn sie es nicht mit dem Opferdispositiv der Messe oder des Rituals im allgemeinen in Zusammenhang bringen. Es ist ein Buch, das in einem gegebenen Augenblick ins Ritual einbezogen wird, es wird auf dem Altar oder auf dem Lesepult des lesenden Bruders im Refektorium liegen. Sie können dieses Bild auch nicht verstehen, wenn Sie es nicht in den ökonomischen Vorgang der Gabe einbeziehen. So ist dieses Bild in der Tat stark kodiert und die energetische Kraft der Chromatismen wird darin gebändigt, verdrängt, eingegrenzt, gezügelt, weil nämlich die Ströme libidinöser Zufuhr und Abfuhr in die christliche mythische Erzählung einfließen, münden, in das Messopfer oder ins Ritual des Mahls, in die Gaben und Gegengaben der feudal-klerikalen Gesellschaft einfließen, und weil die ikonische Plastik selber in diesen anderen Dispositiven nur als Mnemotechnik gilt. Letztlich funktioniert die Plastik nur - und auf diese Art wird sie auf den mit Fresken bemalten Wänden wirken, wenn sie sich an Leute wendet, die nicht lesen können - nur als Hinweis, als Objekt, das in einem Vorgang gekennzeichnet wird und auf diesen Vorgang verweist.

Wollte man die Kopplung dieses Objekts an die betreffenden Vorgänge ausdrücken, müßte man zeigen, daß sie gar keine repräsentative Kopplung ist, sondern daß es sich eher um eine Kopplung nach Art einer Kennzeichnung handelt: ein Objekt, das derartige chromatische Inschriften trägt, wird als ein Objekt signalisiert, das im Bereich des christlichen Opfers zirkulieren kann, dessen plastische Elemente (Linien, Farbe usw...) ihren "Schlüssel" im Mythos, in dem christlichen Sprachdispositiv haben und dessen Träger ohne seine Beziehung zur Ökonomie der Gabe und Gegengabe des feudalen Christentums wertlos ist. Wenn man die kleinen sogenannten paläolithischen Venus-Statuetten miteinander vergleicht, über deren hohen Abstraktionsgrad man sich immer wundert, sollte man daran denken, was Leroi-Gourhan* über paläolithische Kunst sagt: nämlich daß die erste Phase jener Kunst die abstrakteste ist. Man sollte versuchen folgendes zu verstehen: wenn die "primitive" Kunst immer sehr "abstrakt" ist, dann weil sie niemals aus sich heraus funktioniert; sie hat sich nicht als gesonderter Einschreibungsbereich verselbständigt, sie gehört zu einem System der Zirkulation und Umwandlung von Energien, das über die pikturale Einschreibung weit hinausgeht und wo diese einfach zur Kennzeichnung dient. Höchstenfalls kann sie schlicht ein Signal sein, das ist die archaistischste Einschreibung: eine Einkerbung auf einem Stock. Wichtig ist dann nicht die Einkerbung, sondern die Zirkulation des Stockes, d.h. die Gabe. *Was gekennzeichnet ist, ist die Macht des Gebens selber*, die potentielle Gabe; die Libido wird in die Gabe, nicht in die Einkerbung investiert. Die Einkerbung ist nur da, um die Gabe zu identifizieren, um sich auf die Gabe zu berufen. Mir scheint, daß ein

---

* vgl. Leroi-Gourhan, a.a.O., S. 462 f.

Bild wie das von Saint-Sever, alles in allem betrachtet, noch zu einem Dispositiv gehört, das auf solche Weise funktioniert.
Die "Lektüre" der beschreibenden Elemente eines Bildes, das auf diese Weise komponiert ist und gemäß einem solchen Dispositiv funktioniert, ist wahrscheinlich berechtigt: Ikonographie und Semiologie als Religionswissenschaften, religiöse Wissenschaften...

Das Fragment "Die Stadt" von Ambrogio Lorenzetti

Ausgehend von diesem Bild könnte man anfangen, über die Kavalierperspektive zu phantasieren, was aber nicht angemessen ist. In der Tat funktioniert dieses Bild genau wie das vorhergehende schlicht als Merkzeichen. Was gibt es da zu sehen? Eine Stadt. Ist sie repräsentativ? Sie ist durchaus nicht repräsentativ, es gibt nicht den geringsten Versuch, das Äquivalent dessen herzustellen, was man mit bloßem Auge oder mit Auge und Kinnband sehen kann. Das Bild funktioniert als ein *Signal*. Auf einem Fresko signalisiert es, daß es eine "Stadt" gibt. Wenn Sie das Bild auf den Kopf stellen, ist es immernoch eine Stadt, das Signal wirkt immer sehr gut. Die Beziehung oben-unten, die Beziehung zum Auge, zum Subjekt, das in diesem Moment schaut, diese Beziehung, die im Repräsentations-Dispositiv aufgewertet wird, hat hier keine Wirkung. Selbst umgekehrt funktioniert das Bild weiterhin als Merkzeichen. Es ist noch eine Stadt, das Auge wird nicht als Sehvermögen sondern als Erinnerungsvermögen in Anspruch genommen.

Die "Geißelung" von Piero

Wenn man zunächst, wie soeben geschehen, formal an das lineare Dispositiv herangeht, fällt auf, daß es sich hier um ein dreifaches Linien-Dispositiv handelt, und das unterscheidet es von Lorenzetti und der Handschrift von Saint-Sever. Starke Betonung des linearen Dispositivs, genauer der Geraden. Da ist zunächst eine auffallende Linienführung, sind da Konturen, die das Wiedererkennen von Objekten und ihre Identifizierung ermöglichen, so als ob diese dreidimensional gesehen würden: da sind Personen, Gebäude, Bäume. Es gibt also eine Linie, wie diejenige, die nach dem Kanon Leonardos auf die Glasscheibe gezeichnet ist. Außerdem gibt es zweierlei einteilende Linienführungen: eine klassisch-mittelalterliche Linienführung; bei der Betrachtung der Dimensionen des Gemäldes können Sie in der Breite von links nach rechts drei große Elemente bestimmen: das eine besteht aus vier Einheiten, das zweite aus zwei Einheiten, und das dritte aus drei Einheiten. Ihre Höhe besteht jeweils aus vier Einheiten. Wir haben hier eine Kombinatorik von 4 mit 9 und einen Rhythmus, der zuerst von 4 zu 6 und dann von 6 zu 9 geht, wenn Sie von links nach rechts "wandern".

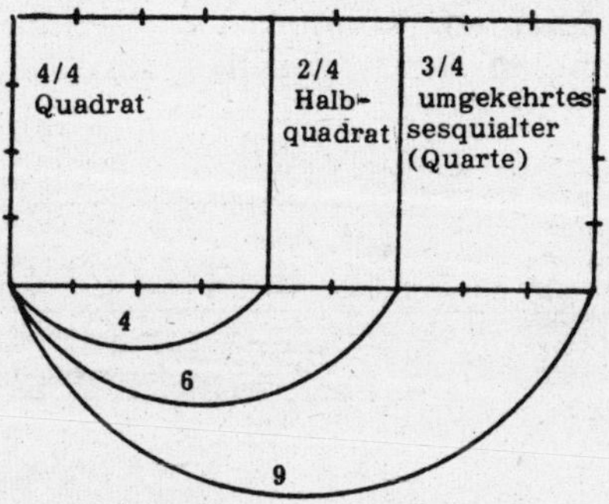

4/6 = 6/9 = 2/3

Dies ist der Pythagoreismus, der durch den Neuplatonismus der Florentiner wiederaufgegriffen, wieder ans Licht gebracht wird und der bei Piero sehr auffallend ist; jewedes romanische Bauwerk ist nach einem solchen Rhythmus musikalisch aufgebaut. Sie haben hier die Harmonien der Abstände, die Gleichheiten der Abstände, die mit denjenigen einer Tonleiter durchaus vergleichbar sind. Hier erfindet Piero nichts. Er führt aber ein ganz anderes System ein, worin er alles erfindet: ein perspektivisches System mit einem Fluchtpunkt. Der Fluchtpunkt, der weit zurückgeschoben, eingesenkt in die Mauer des Hintergrundes ist, ist gleichzeitig auf eine Horizontale gelegt, die die Horizontlinie bestimmt. Dieser Fluchtpunkt wird auf eine bestimmte Weise konstruiert, er will den Platz bestimmen, den Sie einnehmen sollen, um "richtig zu sehen". Und um die Schnelligkeit zu bestimmen, mit welcher das Auge eindringen wird, gibt es eine Reihe von Schrägen, die in einem anderen Punkt zusammenlaufen, nämlich dem Distanzpunkt, eine Reihe von Schrägen, in Beziehung zu denen das ganze Fliesenmuster der Oberfläche konstruiert wird. Wenn Sie die beiden Netze, Flucht und Distanz, sich vereinigen lassen, werden Sie zum Beispiel ein Trapez zeichnen können, das wie ein Quadrat im dreidimensionalen Raum gesehen wird.

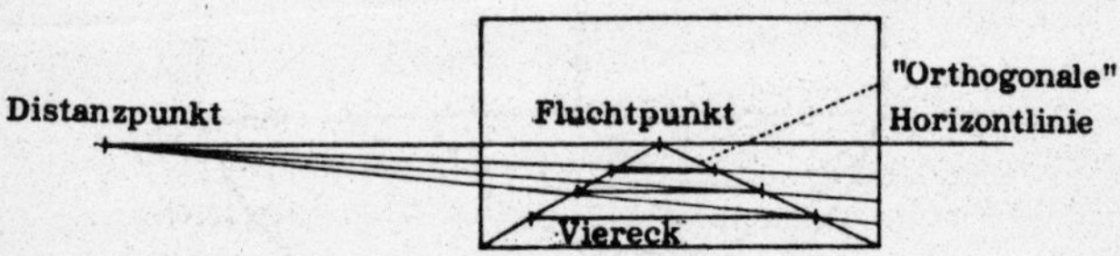

Was ist nun dieser Distanzpunkt? Es handelt sich um die orthogonale Distanz,die das Auge vor der Bildoberfläche einnehmen muß,um den "richtigen Blickpunkt" zu haben.Aber diese Distanz wird dann um 90° gekippt und wird auf den Bildträger appliziert,und zwar derart,daß jener lineare Komplex absolut nicht als ein Trapez gesehen wird, sondern als ein Quadrat in Perspektive. Dies geschieht hier tatsächlich insofern,als die Ausrichtung der Fliesenquadrate auf einen ziemlich entfernten Distanzpunkt hin eine beträchtliche Vertiefung,einen sehr tiefen Schauplatz schafft.

Es gibt also drei Liniensysteme:

- ein System der Einschreibung von "Figuren",Profilen,Umrissen sichtbarer Dinge;
- ein Harmoniesystem,das traditionell ist und bewirkt,daß das Auge musikalisch im Feld der Gestaltung umherschweift;
- das perspektivische System,das nicht musikalilisch ist,das nicht auf eine arithmetische,wohlgeordnete Organisation von Abständen hinweist,sondern das ein geometrisches,hauptsächlich visuelles System ist.

In einem derartigen Gemälde haben Sie zugleich eine akustische Arithmetik pythagoreischen,neuplatonischen Ursprungs und eine revidierte,vereinfachte,euklidische visuelle Geometrie.Hier ist ein Dispositiv zur Regulierung der linearen Einschreibung,das unglaublich komplex und zwingend ist.

Was den Farbwert vorderhand betrifft,so werden - das ist Piero eigentümlich - Modellierungseffekte nicht durch Tonhebung oder -senkung,sondern durch Farbenwechsel erreicht.Man befindet sich nicht in einem System der Verstärkung etwa durch Beigabe von Schwarz in ein- und dieselbe Farbe, sondern man hat eine andere Farbe.Piero sagt,daß man auf diese Weise eine gute Modellierung erzielen kann.Die Modellierungseffekte sind durch Farbein-

schreibungen, z.B. durch verschiedene Blautöne, gegeben. Eben dem verdankt man die außerordentliche Leuchtkraft des Werkes.
Das chromatische System selber ist genau geregelt: außen (es gibt ein "Außen" und ein "Innen") ist die vorherrschende Farbe der Palette das Rot und innen herrschen Grün und Blau vor, hinzukommt Blau ganz rechts (in den warmen Tönen) und Rot ganz links (in den kalten Tönen) als chromatische Gegenpositionen. Das ist eine relativ einfache chromatische Organisation, die sehr harmonisch und vielleicht sogar sehr kodiert ist.
Kommen wir nun zur Beziehung Einschreibung/Bildträger/Ort. Was wird dargestellt?... Eine Geißelung. Christus mit jener seltsamen griechischen Statue drüber. Es gibt einen Vordergrund im Außen: man nimmt an - nach der lokalen Überlieferung -, daß rechts in der Mitte Oddantonio, der Bruder von Federico da Montefeltro und zu jener Zeit Herzog von Urbino steht, umgeben von zwei von Malatesta gesandten Ratgebern, die ihn ermodert haben sollen. Eine Episode aus den dunklen Affären der politischen Kämpfe zwischen den Fürstentümern, zwischen Gewaltherrschaften. Man hält es für möglich, daß das Gemälde vom Herzog zum Andenken an die Ermordung seines Bruders bestellt worden ist. Piero hat ihm das Gemälde der Geißelung geschickt, das also einen metaphorischen Wert hätte. Aber wie schreibt sich das auf dem Bildträger ein? Anfangs haben die Italiener von der perspektivischen Technik gesagt: hervorragend, sie durchbricht die Mauer! Tatsächlich hat man es mit dem zu tun, was man die pikturale Repräsentation im strengen Sinne nennen muß: d.h. zunächst und vor allem, daß die Einschreibung sich selbst *verschleiert*. Die mittelalterliche Harmonie lenkte den Blick, sie lenkte das Schweifen des Auges über das Feld, sie gab ihm den Rhythmus; aber die perspektivische Konstruktion wird schlicht und ein-

fach ausgelöscht; von allen Schrägen bleiben nur die "Orthogonalen",und auch sie werden verschwinden,der Maler wird bemüht sein,sie auf dem Schauplatz zu vertuschen.Die Hinweise auf den Distanzpunkt werden vollständig ausgelöscht.

Die ideale Stadt

Jene Verschleierung,Verschleierung eines Teils der Einschreibung,die also impliziert,daß man in mehreren Phasen arbeitet - man wird aufschreiben,dann ausstreichen (genau wie man eine "Dissertation" schreibt) -, *ist schon eine Inszenierungshandlung*. Das Wesentliche des Bühnen-Dispositivs ist in jenen Streichungen enthalten. Betrachten wir die (sogenannte) *ideale Stadt*: da ist ein Schauplatz und vielleicht der Entwurf für einen Bühnenhintergrund, wahrscheinlich einer der ersten Bühnenhintergründe,gemalt in der illusionistischen Perspektive à la Alberti,für Repräsentationen wie sie in Ferrara statthatten. Vielleicht ist sie sogar eine Truhenverzierung oder ein Entwurf für eine Einlegearbeit.Auf alle Fälle ist es ein Experimentieren mit der Perspektive.Hier ist ein Dispositiv,das man schematisch folgendermaßen darstellen kann:

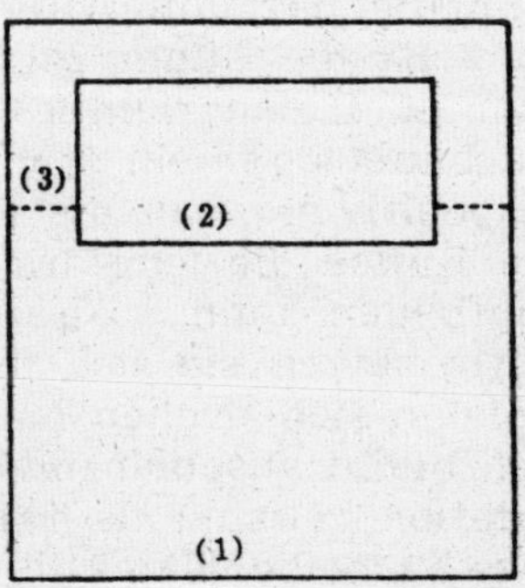

Dieses Einfassungsdispositiv ist tatsächlich ein Dispositiv, das im Falle der Repräsentation libidinöse Energie einfangen und abfließen lassen will: da ist eine erste Einfassung, die ein Außen und ein Innen festlegt: eben das Theater- oder Museumsgebäude, das Gebäude jener unbewohnten, verlassenen Orte, die eine Distanz schaffen zwischen der "Realität" und dem, was man den Psychoanalytikern zufolge die "De-Realität" nennen könnte, einen Ort, der ein "derealer" Ort wäre (das Zimmer des Analytikers ist ein "derealer" Ort). Dann ist da ein weiterer Ort, eine zweite Grenze innerhalb der ersten, innerhalb des Theaters also: eine Rampe mit einem Rahmen, dem Rahmen des Gemäldes, dem Rahmen der Bühne, etwas wie eine Glasschreibe, die bekannte Glasscheibe des Leonardo, das Türchen von Dürer, und vielleicht noch eine dritte, unsichtbare Grenze, die die Versenkung, die Kulisse, die Bühnenmaschinerie im Falle der italienischen Guckkastenbühne ist, die im Falle der Malerei die Konstruktion mit dem Distanzpunkt sein wird, all das, was nicht gesehen wird, was aber sichtbar macht. Man sollte auch die ganze Szenographie hinter diese Grenze setzen. *Alles, was auslöscht und sich auslöscht, verschleiert und verschleiert sich zugleich.*
Es gibt ein starkes Dispositiv zur Kanalisierung der Energien. Man kann die Beziehung Bühne-Saal verändern, man setzt z.B. die Bühne in die Mitte oder um den Saal herum, oder man richtet die Bühne als Keil ein, oder man baut sogar ein "totales Theater", ein komplexes Dispositiv, wo man die Guckkastenbühne, die keilförmige Bühne, die ringförmige Bühne, die zentrale Bühne aufbauen kann, wo man die Zuschauer in die Mitte setzen, sie sich drehen lassen kann, die Schauspieler sich drehen lassen kann...
In all diesen Fällen bleibt anscheinend das Wesentliche der Repräsentation gewahrt, da man ja immer irgendwie die Grenze (1) beibehält; es gibt zunächst im-

mer die Einfassung, und oft auch die Grenze (2); aber nicht notwendigerweise; man kann sich vorstellen, daß es im Innern keine Grenze mehr gibt, dann hätte man etwas wie das Soziodrama oder die Revolution...
Dieses Repräsentations-Theater-Dispositiv entspricht in der Malerei dem "Kasten" von Brunelleschi, diesem kleinen optischen Dispositiv, das das Baptisterium darstellen will, so wie es vom Florenzer Dom aus gesehen wird.

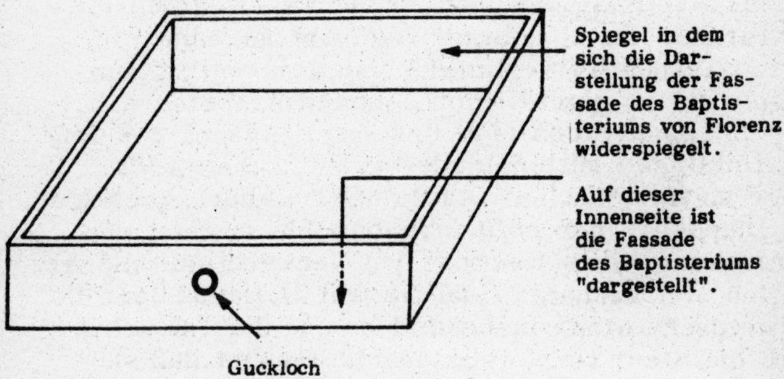

Der Spiegel erfüllt dieselbe Funktion wie die Kinoleinwand. Das Guckloch dient als Dürersches Kinnband: eine Stillstellung, die die De-Realität ermöglicht, die des Schläfers, des Zuschauers, des Analysierten.
In dieser Aufteilung und dieser Einfassung sind anscheinend die Bedingungen für die Verführung gegeben. Ich würde eher Verführung als Illusion sagen, weil das Subjekt, das in den Kasten schaut, wenn es

nicht blöde ist,genau weiß,das es nicht das Baptisterium selber anschaut.Wir,die wir diese Szene aus der Schule Pieros anschauen,wissen genau, daß es keine Augentäuschung ist: wir werden nicht ins Bild,auf die Szene springen.Das Trompe l'oeil gehört einer anderen Gattung an.Diese Darstellung ist keine Augentäuschung,nicht einmal eine Illusion,sie ist die Verführung im eigentlichen Sinne des Wortes:man wird in sich selbst geteilt, es gibt eine Spaltung.
Will man sehen,welche Beziehung dieses Dispositiv zu dem hat,was nicht Malerei ist,zu dem,was in der sogenannten "Realität" geschieht,müßte man zeigen,wie dieses Dispositiv,das die Energieumwandlungen der pikturalen Einschreibung reguliert,mit einem anderen Dispositiv verbunden ist,dem politischen Dispositiv im eigentlichen Sinne des Wortes,d.h. dem Dispositiv,das eine bestimmte Anzahl von Einschreibungen mitten in der griechischen *polis* oder im italienischen Stadtstaat reguliert.Auch hier, im Dispositiv der *politeia*,haben Sie erstens die Einfassung eines Raumes: ich verweise auf die Arbeiten von Vernant,Vidal-Naquet,Détienne über die griechische Stadt,insbesondere auf die Tatsache, daß die Stadt ringförmig geschlossen ist,daß sie eine Gemeinschaft von Menschen ist,die sich im geschlossenen Kreis versammeln,daß es in der Mitte einen leeren Raum gibt,daß dieser leere Raum die "De-Realität" ist.Es gibt also eine erste Grenze(1) in der Stadt,die den Zustrom der Energie ins Innere,und insbesondere der Energie in Form von Individuen (aber nicht nur: auch als Güter,Sprache, Streitkräfte),umgrenzen und filtern wird.Der Zustrom ins Innere wird genauso gefiltert,wie man Zuschauer beim Eintritt in ein Schauspiel filtert.Sie werden nach einer bestimmten Anzahl von Kriterien gefiltert,die zusammen das ausmachen,was man die Staatsbürgerschaft nennt.Im Innern gibt es je-

nen zentralen Raum, man findet ihn schon bei Homer für die Kriegergemeinschaften, *es mèson*: inmitten. Wenn man politisch redet, redet man in der Mitte, und wenn man in der Mitte redet, ist es nicht dasselbe, wie wenn man drumherum redet. Wenn man drumherum redet, sagt man in gewisser Hinsicht nichts. Wer darf in der Mitte reden? Die Männer, die Waffen tragen. Hier gibt es also ein weiteres Filter-Dispositiv: die Frauen tragen keine Waffen, und sie reden folglich nie in der Mitte und sagen also nie etwas. Nicht jeder betritt die Bühne. Außerdem gibt es noch *Vorgänge des Auslöschens*: der Reichtum, die Kameradschaft, die Lobbies, die Rhetorik werden in der Tat Mittel sein, um in die Mitte kommen zu können, zum Reden. Sie werden Szenographien sein, aber sie werden und sollen ausgelöscht werden, damit sich die politische Bühne erstellen kann.

Ich glaube, daß die Modalität der repräsentativen, pikturalen Einschreibung der Modalität der politischen Einschreibung im Sinne der *politeia* zutiefst isomorph ist. Der Maler gleicht dem Fürsten, und der Fürst gleicht dem Maler, sie sind *ausgelöschte Auslöscher*, sie sind Leute, die auf der Grenze (3) arbeiten und die auf der Grenze (2), auf der Bühne ausgelöscht werden; was nicht bedeutet, daß sie nicht auf der Bühne auftreten können; man kann Fürsten und sogar Maler malen, aber sie mögen auf der Bühne als Modelle oder Redner, im Saal als Zuschauer oder Staatsbürger sein, ihre eigentliche Macht wird ausgelöscht. Die Grenze (3), die Szenographie, die Inszenierung, der Unterboden (die "Versenkung") der Politik kommen nie zum Vorschein: die Bühnenmaschinerie bleibt versteckt.

In einem derartigen Dispositiv liegt die libidinöse Spannung überhaupt nicht im Sujet, im Thema, in dem, was erzählt wird: die Repräsentation kann nichts mehr erzählen. Dieses Dispositiv ist nicht mehr mit einem Sprach-Dispositiv der Erzählung verkoppelt.Man wird freilich noch sehr lange auf der Malerei-Szene fortfahren zu erzählen,aber man kann sehr wohl ein Stilleben (einen Krug,den man malt,um ihn darzustellen) malen. Letztlich geht es um die Eliminierung der Referenz auf die Erzählung,um die Dekodierung dessen,was geschieht.Auf der Bühne ist die Indifferenz: man kann alles darstellen,alles spielen; jeder kann das Wort ergreifen usw... Es gibt potentiell in einem derartigen Dispositiv innerhalb des pikturalen,theatralischen,repräsentativen Ortes eine Art Verflüssigung,Liquidierung; viele Kodes werden entschlüsselt (das ist Demokratie),viele Zwangs-Dispositive verschwinden,aber das,was nicht beseitigt wird,ist (1).Besetzungen und stabile Gegen-Besetzungen,also Zwänge: Verdrängungen,Energiefiltrierungen gibt es also in (1) und (2).Innerhalb dessen ist alles möglich,solange es durch (1) gefiltert wird und es eine Bühne gibt - können Sie alles sagen und darstellen,was Sie wollen(wie in der Universität).

2. Hin zum Energetischen

Nunmehr können wir die Ökonomik des modernen Werkes angehen.Nehmen wir eine Gruppe von fünf Werken:

- Cézanne,*Ansicht von Gardanne*,1885-1886,Ölgemälde auf Leinwand (81x65),British Museum
- Cézanne,*Stilleben mit Zwiebeln*,1895-1900,Ölgemälde (66x81),Jeu de Paume
- Delaunay,*Die Mannschaft von Cardiff*,1912-1913,Ölgemälde (196x130),Privatsammlung
- Delaunay,*Kreisformen*,1912-1923,Ölgemälde auf Leinwand (100x68),Musée National d'Art Moderne
- Klee,*Auserwählte Stätte*,1927,Aquarell auf Papier (46x30,5: sesquialter), Privatsammlung.

Nehmen wir die *Ansicht*,so bemerken wir sogleich'

eine Störung der axialen Darstellungsbeziehungen. Diese Störung, so meine ich, macht Cézannes Problem zu einem klar definierten Raumproblem, nämlich eine derart schwierige Sache hervorbringen zu können wie das Vertiefen und Hervorheben des Raumes, so daß die Ebene ab- und wieder aufsteigt, sich vertieft und wieder einebnet. Was auf diesem Werk sofort auffällt, ist das Sichtbare der Einschreibungen auf dem Träger eben als Einschreibungen. Ein wichtiger Teil der Arbeit des Einschreibens, des Auftragens der Farbe auf den Träger ist sichtbar. Es gibt Spuren dessen, der zeichnet. Was bis jetzt einfach übertüncht wurde, wird nicht mehr getilgt. Die Pinselstriche sind sichtbar. Der Träger selbst ist sichtbar, die Leinwand erscheint, weil Cézanne den Träger als aktiven Träger verwendet - mit anderen Worten, das pigmentierte Medium verbirgt nicht, verdunkelt nicht, verdrängt nicht den Träger, wenn ich so sagen darf. Nicht, daß es ihn nur duldet: es enthüllt ihn sogar in gewisser Hinsicht als etwas, das selber Einschreibung ist; das Beige der Leinwand funktioniert vom chromatischen Standpunkt aus so wie die Abwesenheit der Linien im ganzen rechten unteren Teil, wie die Abwesenheit der Linien, welche die bemalten Flächen wie die Dächer und Häuserfronten umgrenzen, deren Umrisse stark unterstrichen werden; diese Abwesenheit der Linien bringt mit sich, daß die Leinwand in einer Art Dunst, einer Art unbeweglicher Spannung auftaucht, die einen den Raum betreffenden "Sinneffekt" (Wärme, Stille) hervorruft.
Im *Stilleben mit Zwiebeln* finden sich auch noch Störungen, als anomal angesehene Dekonstruktionen, wie die völlig falschen Orthogonalen, Perspektivlinien des Tisches, ebenso wie das Oval des Glases, das nicht einmal geschlossen ist, oder die völlig zerstörte Symmetrie des Glasfußes, wodurch alles, was

auf dem Tisch liegt, von einer Bewegung nach links erfaßt ist. Man bemerkt hier energetische Effekte, die von Cézanne anscheinend als solche beabsichtigt sind; ich meine vor allem die Linien, aber wenn man die Farben analysieren würde, was viel schwieriger, aber auch wichtiger ist, würde man zu ähnlichen Schlüssen kommen. Außer diesen "Entstellungen" ist auch die Behandlung des Hintergrundes bemerkenswert: er kann nur energetischen Wert haben; hätte Cézanne eine Repräsentation beabsichtigt, so hätte er keinen so falschen und ebenen Hintergrund gemalt; dieser Hintergrund ist schon das, was man Abstraktion nennen wird. Alles bewegt sich und polarisiert sich in die Richtung, welche die Zwiebeln ganz links außen angeben; gleichzeitig fällt die ungeheure, weiße Masse, die Sie beständig in den Stilleben von Cézanne finden und die eine Fixierung, eine Verdichtung der chromatischen Energie ist, sie fällt, d.h. sie verankert die Komposition nach unten hin. Man stellt also wie vorher eine Organisierung in Bezug auf einen visuellen Raum fest: das Sujet wird immer noch in einen visuellen Raum gestellt, d.h. in die Repräsentation, doch die Szenographie ändert sich tiefgreifend. Der Träger wird nicht wie eine durchsichtige Fensterscheibe behandelt, die den Blick auf eine Landschaft, auf ein Schauspiel eröffnet, *sondern er wird gezielt zu energetischen Zwecken eingesetzt.* Man kann überhaupt nicht an das Werk von Cézanne herangehen, ohne das Energetische, das Ökonomische in Betracht zu ziehen, d.h. die chromatische Ökonomie. Es gibt noch eine Menge von Merkmalen, die zur Repräsentation gehören, aber die Dinge beginnen sich zu verzerren, und man kann dafür keinen anderen "Grund" als das Fließen, die Fixierung, die Polarisierung, den Austausch der chromatischen oder linearen Fluten finden.

Und hier nun das Modell dessen, was Delaunay den

Simultaneismus oder den Simultanismus nennen wird, eine streng chromatische Einschreibung, ohne Linie, ohne Bleistiftstrich, wo aber der Ansatz oder der Aufstrich des Pinsels sichtbar ist, wo folglich die Arbeit der Arbeitskraft sich nicht übersehen läßt, was darauf hinweist, daß die Arbeitskraft immer da, immer lebendig, immer mächtig ist. Die Verteilung der Farben umfaßt fast die ganze Farbpalette und deshalb ist das Gemälde außergewöhnlich; es ist wenig selektiv in Bezug auf das Chromatische. Fast alle Farben auf einem einzigen Gemälde einschreiben, das verbietet jedwede Schule. Diese chromatische Fülle hat streng energetische Zwekke, in gewisser Hinsicht erfüllt solch etwas durchaus den alten Wunsch von Cézanne, der immer sagte: "es soll sich drehen". Nun, hier dreht es sich; es dreht sich ohne Modellierung, ohne Perspektive, ohne Tiefe, ohne Illusion, es dreht sich wie die Sonne. Ein äußerst stark beladener kräftiger Kontaktpunkt verdichtet die höchsten Gegensätze im ganzen Bild; es ist der Kontakt des dunkelsten Randes mit der hellsten Region. Es ist der Ort, wo die ganze chromatische Energie sich versammelt findet; sie wird dann zugleich in aufbrechende Strahlen und Zyklen und Hüllen umverteilt; deshalb dreht es sich; die Art und Weise, wie die Farben aufeinanderfolgen, ist nicht beliebig, sie folgt dem Spektrum. Und es gibt keine einzige gerade Linie, die das "Drehen" verhindern könnte.

In der *Mannschaft von Cardiff* gibt es ebenfalls keine Linien, nur Farbe, ein chromatisches System, das zweifellos nicht so explosiv, verwässert wie das andere ist, das stärker Anspielungen untergeordnet ist; es gibt eine Anspielung auf die Stadt, auf das Spiel in der Stadt, auf die Werbung, es gibt "Zitate"; doch die zyklische Figur des Rades, jener bunten Zielscheibe und die Verwendung der Badeanzüge der Spieler implizieren, daß das Gemälde nicht mehr

als Darstellung und Repräsentation funktioniert, selbst wenn es im Vergleich zum vorhergehenden noch vieles andeutet. Beim Vergleich mit den *Zwiebeln* von Cézanne wird deutlich: was da noch sehr repräsentativ war, wird hier allusiv; das Gemälde verselbständigt sich immer mehr, es wird als Objekt, das heißt als Depot einer auf bestimmte Weise verteilten chromatischen Energie, autonom und es erwartet, von jemandem angeschaut zu werden, der aus dieser Energie zu schöpfen vermag.
Nun zur *Auserwählten Stätte* von Klee. Sie können vier Farben sehen, die vertikal in Schichten aufgetragen sind, mit einer Montage, die einmal Schnitt (z.B. der Kontakt des Brauns und des Blaus des Himmels), einmal Überblendung ist; und Sie haben einen umgekehrten Gegensatz, einerseits eine Linie, die Klee *mittlere* Linie nennt, die sich in sich schließt, die wie eine labyrinthische Zeichnung mit vielen rechten Winkeln aussieht und wo fast neutrale Farben aufgetragen sind, andererseits breite Flächen, breite Zonen von intensiven Farben. Dieses plastische, sehr kontrastreiche Dispositiv kann keine andere Funktion als die haben, die chromatische und lineare Energie als potentielle Libido-Energie einzufangen und zu bewahren.

3. Hin zum Polymorphen

Hier ein Werk von Y. Tanguy, das *Aufbauen, Zerstören* heißt; es ist sehr allusiv, sehr surrealistisch, es ist eine Arbeit auf der Bühne, wir sind am Ende der Repräsentation und Darstellung im Sinne der Vollendung der Erzählung angelangt, nichts wird mehr unmittelbar erzählt; was auf der Bühne ist, ist gleichgültig, und eben dies wird gezeigt. Ein Teil der Arbeit wurde auf die szenische Beleuchtung verwendet, die so stark ist, daß sie ironisch, höhnisch wird; es gibt sogar absichtliche persektivische Fehler.

Aber das Wichtige ist, daß diese geschichtslose Szene eine hintergrundlose Szene ist, es gibt keine sichtbare Horizontlinie. Die Repräsentation besteht fort als Visualisierungs-, Verführungsdispositiv; sie verliert gewisse ihrer Züge.
In der Gruppe Cézanne/Delaunay/Klee werden die Libidoströme als chromatische Formen eingefangen und zwar nicht - und hierin besteht der Unterschied zu Tanguy - in der axialen Beziehung der Darstellung, in der Axialisierung des Auges und des Objekts, in jener Art Beziehung, die eine Beziehung zum Spiegel ist, sondern im Malerei-Objekt selbst, durch das einfache Spiel der plastischen Komponenten. Autonomisierung meint eben dies: das Objekt ist nicht mehr repräsentativ, es wird also gegenüber einem vorausgesetzen Signifikanten, einem Dargestellten, einem Referenten usw. unabhängig gemacht, und es verselbständigt sich auch gegenüber dem Ort, den das Auge einnimmt; es gibt keinen "richtigen Abstand", um es anzuschauen, und es gibt keinen privilegierten Betrachter mehr; der energetische Effekt erreicht seinen Höhepunkt nicht, wenn sich der Betrachter an einem bestimmten Punkt des umgebenden Raumes befindet.
Diese Autonomisierung des Bildes, des energetischen Standpunktes, wird Anlaß zu einer beträchtlichen Menge von ideologischen Diskursen geben; bei Klee: eine kosmologische Ideologie; bei Kandinsky: eine Ideologie der Sprache; bei Delaunay: eine Ideologie des Lichts; die harmonistische Ideologie (des goldenen Schnitts) wird wieder auftauchen; die arithmetische und geometrische Ideologie des Kubismus, des Konstruktivismus und schließlich die Semiologie, all diese Diskurse sind Versuche, in der Malerei eine Kanalisierungs-, Rationalisierungswirkung zu produzieren, und das in dem Augenblick, wo das, was geschieht, ein gewisses Schweifen, ein Einfangen der chromatischen Energie auf dem Bild

an und für sich,ohne Finalität,ohne Rechtfertigung, ohne Referenz ist.
In diesem Fall verschleiert die Einschreibung nichts mehr und ist in diesem Sinne nicht verführerisch.
Es konstituiert sich ein Malerei-Objekt in dem Sinne,wie man von musikalischen Objekten oder von Buchobjekten usw. sprechen wird,von etwas,dessen Existenz weder von einem Gesetz noch von einem Sinn abhängt,sondern als kristallisierte Kraft einfach gilt.
Was die Beziehung zum *Ort* betrifft,so ist diese Objektbildung - auf welchen Theorismus sich das moderne Objekt auch bezieht,von welcher Kunst (konzeptuell,abstrakt usw.) es auch zeugt - zweideutig; wenn man weiterhin sagen kann,es habe in sich selber sein eigenes Prinzip,es sei in chromatischer Form deponierte Energie,so impliziert schon die einfache Tatsache,die Aussage,diese Energie sei als potentielle Energie *deponiert,konserviert*,daß das Problem des Werkes noch nicht gestellt ist.Freilich ist der Träger nicht mehr verschleiert,aber was verschleiert bleibt,ist die libidinöse Energetik selbst,und nur weil sie verschleiert bleibt,werden all die diskursiven Ideologien über diese Art Objekt möglich.Das Werk als zu bewahrendes Objekt und also der Ort des Werkes bleiben unangetastet.
Wenn Duchamp ein Pissoir nimmt,es signiert und ins Museum stellt,so will er damit sagen,daß das Wichtige von nun an der *Ort* ist: wenn ich ein Pissoir in ein Museum stelle, wird es zum "Werk".
Wenn Delaunay seine Pallette in einer Galerie aufhängt,bedeutet das,daß das chromatische und folglich libidinöse Potential des Gemäldes einem Dispositiv untergeordnet ist,das nicht mehr ein auf das Gemälde bezogenes Szenographie-Dispositiv ist, sondern das Dispositiv der Galerie,das des Ortes der Malerei.Und neuerlich werden Filtrierungen am Eingang in der Galerie,d.h.auf der Grenze (1) stattfinden.

Ein modernes Malerei-Objekt ist nicht mehr kodiert; ist es wirklich fließend, wirklich fluktuierend, ist es wirklich freie, in jedem Augenblick potentiell verwandelbare Energie? Ja, natürlich viel stärker als die *Geißelung* von Piero, aber es ist noch ein Fetischobjekt, es ist noch kein Werk *der richtigen Form*, solange als es mit Kodes verbunden ist, auf die jeder verwiesen wird, über die jeder verfügt, um zu sagen: es ist richtig, es ist, wie es sein soll; aber es ist ein willkürliches Objekt, das libidinös geladen und *unter Verbot, hinter Filter gestellt ist*, und derart ist im Grunde der Fetisch ein der Marxschen Ware vergleichbares Objekt, d.h. irgendetwas, das libidinös aufladbar ist und dem Gebot des Wertgesetzes und des Eigentums untersteht.
Man kann versuchen, den Rahmen des privilegierten Malerei-Ortes zu zerstören. Hier ein Tom Wesselmann: *Collage mit der Badewanne Nr. 3*(1963) (2,13mx2,69mx46cm in der Tiefe): eine echte, an eine Wand gehängte Tür mit einem echten Handtuchhalter, einem echten Handtuch ("echt" zum Lachen; Sie sehen, dies ist die bekannte Realität, die Äußerlichkeit ist, Sie *können sich* mit diesem Handtuch *abtrocknen*). Dahinter liegt eine bemalte Fläche mit der Nachahmung eines Kachelbelags, eines Badevorhangs, mit einem falschen Handtuch. Eine absichtliche Verwendung von Industriefarben.
Hier eine Komposition von Andy Warhol; es sind Suppendosen, vier Serigraphien, die nachträglich mit Ölfarbe bearbeitet sind; die Schwarztöne, also die Helligkeitswerte und die Verteilung der chromatischen Zonen sind in Serigraphie gemacht, sie sind von einer Dose zur anderen identisch. Das Prinzip der Wiederholung, das absolut wesentlich bei Warhol ist. Er führt Objekte ein, die Objekte der industriellen Realität sind (mit einem Zugeständnis trotzdem, hier in Bezug auf die Vielfalt und den "wilden" Reichtum der Farben), er fügt sie auf vier

Flächen ein,die eine Serie bilden,die auf das Problem der Wiederholung,des Abstands in der Identität,der Indifferenz mit einer kleinen Abweichung konnotativ zentriert sind,d.h. im Grunde auf das Problem eben der Natur der industriellen Ware; denn sie ist immer dasselbe mit einer kleinen Abweichung,einer kleinen Besonderheit (hier die Pigmentierung),so daß sie ausgetauscht,bewertet werden kann. Diese Komposition,die chromatisch nicht ohne Zugeständnisse ist,ist gleichwohl hinsichtlich der Kritik des Malereidispositivs ziemlich stark, weil sie uns sehr nahe an das heranbringt,was im Fetischismus der Ware geschieht.(Man müßte hier komplette Environnements von Oldenburg oder Kienholz analysieren: Sie betreten ein "wirkliches" Serienschlafzimmer; Sie bemerken jedoch Anspielungen auf das Faktum der Repräsentation;in einem solchen Schlafzimmer ist z.B.das große Bett mit Perspektiveffekten versehen,es ist ein dreidimensionales,also "reales" Objekt,aber es verengt sich hin zum entfernstesten Punkt.Ein Verfahren,um die Repräsentation zu kritisieren,aber ein umgekehrtes,und es bedeutet nicht mehr: die Repräsentation,das ist die Ware,sondern: die Ware,das ist immer die Repräsentation,das ist immer der Fetischismus.)
Man sieht wohl bei allen Popkünstlern eine Beziehung zum "realen" Objekt außerhalb des Museums, also zur industriellen kapitalistischen Ware; eine sehr erstaunliche Beziehung,denn indem sie diese zur Schau stellen,akzeptieren sie sie gleichzeitig;das ist ganz und gar kein kritisches Verhalten im europäischen Sinne des Wortes,es ist etwas ganz anderes.Man zeigt nicht nur den libidinös aufgeladenen Charakter jener Objekte,sondern auch ihren austauschbaren,obsoleszenten Charakter,die Tatsache,daß es verschwinden wird,daß es konsumiert werden wird,daß es keine Wichtigkeit hat.

Und indem man das zeigt,weist man (aber auf negative Weise) darauf hin,daß das,was wichtig ist, das Energetische,das Fließende,das Begehren in seiner Verschiebbarkeit ist,daß diese Objekte Konkretionen sind,dazu bestimmt zu verschwinden; genau so wie das,was für das Kapital an einer Ware wichtig ist,nicht das ist,was sie ist,sondern das,worin sie verwandelt werden kann; es ist die Metamorphose,die zählt,nicht das Objekt an sich.Es gibt also Elemente einer *De-Konservierung*, einer Liquidierung in der Pop-Kunst.Die gemalten Objekte bleiben gleichwohl Werke, die sich in Museen,Galerien befinden und also bleibt die Grenze (1).
Wir sind nun in einem pikturalen Raum, der polymorph ist, in einem polymorph-perversen Raum, wo allerlei chromatische Einschreibungen möglich sind.
Ich sage polymorph-pervers in Anspielung auf Freud und auf die normale Perversität der Kindheit; die Oberfläche des Körpers ist ein Bereich,wo alle erotischen Einschreibungen möglich sind (und das ist die polymorphe Perversität der Kindheit); ich würde sagen,daß der pikturale Raum dem tendenziell analog wird, daß der Malereibereich tendenziell eine polymorph-perverse,kindliche Körperoberfläche wird, d.h. man weiß jetzt, daß der Maler auf irgendetwas irgendwie einschreiben kann, da die libidinöse Energie,die einen Augenblick lang sich als chromatische Einschreibung kristallisiert hat, sich in etwas anderes verwandeln kann und nicht mehr blockiert.Dasselbe geschieht im Theater: wenn der Bühnenbildner oder der Architekt ein totales Theater (Piscator) sucht, sucht er einen polymorph-perversen Theaterraum,wo er alle Einschreibungen machen könnte. Es gibt in solchen Gebäuden eine heterogene Einschreibungsfläche,die aus mehreren Bereichen besteht,die bald hier,bald da auf aleatorische Weise besetzt werden können.Dieser poly-

morphe Zug steht auch in tiefer Übereinstimmung mit dem modernen kapitalistischen ökonomischen Raum, in welchem die sogenannte ökonomische Einschreibung potentiell beliebig ist. Es gibt freilich immer eine sehr genau bestimmte Grenze(1), die man Eigentum oder Wertgesetz nennt, aber potentiell entwirft der Kapitalismus die Möglichkeit, irgendetwas zu nehmen und es unter einigen minimalen Bedingungen in Umlauf zu bringen, nämlich zuerst unter der Bedingung, daß es libidinöse, im Ding geronnene Energie gibt, was Marx Arbeitskraft nannte. Es muß Energie im Ding geben, und wenn das der Fall ist, ist es in ein anderes Ding verwandelbar, in eine anderre Handlung, in einen anderen Affekt, in irgendetwas. Im Vergleich zum vorkapitalistischen ökonomischen Umlauf, wie er beispielsweise von den mittelalterlichen Gilden betrieben wurde, wird man ein Dispositiv sehen, wo demgegenüber die Produktion der ökonomischen Einschreibung und ihr In-Umlauf-Bringen genau, mit einer zwanghaften Genauigkeit, geregelt sind.

Man sieht also, eben durch diesen Vergleich, daß es keine Lösung für das Problem der Malerei gibt, solange die Absonderung des Malerei-Ortes nicht aufgehoben sein wird, und daß jetzt die einzige Versuchs-Versuchung diejenige ist, die Grenze(1) aufzusprengen, die Malerei aus den Mauern, den unbewohnten Orten ausziehen zu lassen. Da beginnt das Problem der Malerei als Problem der Nichtmalerei, als Problem der verallgemeinerten Libidoeinschreibung. Wenn Sie auf die Mauern der Metro, der Häuser malen, geht das nicht. Wenn Sie sich der Lautsprecheranlage des Bahnhofs Saint-Lazare bemächtigen und bei Ankunft der Züge statt der Durchsagen Musik von Berio spielen, geht das auch nicht. Die "Lösung" der Frage der Malerei ist die Auflösung der Grenze (1). Man muß auflösen, man muß in Richtung einer verallgemeinerten Lyse gehen.

Der Einwand lautet: man wird nie die Grenze (1) beseitigen können, denn man kann nicht nicht in der Repräsentation sein. Die Gegenfrage hierzu: wie kommt Freud dazu, das gesamte Problem des Bildes in Begriffen der Repräsentation, der Darstellung, der Vorstellung zu stellen? Liegt es an seiner Unkenntnis der zeitgenössischen Malerei und am reaktionären Charakter seiner Ästhetik, an der Tatsache, daß die Kunst für ihn wirklich der Schauplatz, die italienische Schaubühne ist, so daß er in einer Zeit, in der sich die ganze Malerei-Revolution von Cézanne bis zu den Abstrakten vollzieht, und von der er nichts sieht, das Imaginäre immer noch auf diese Art denkt? Oder liegt es an der eingefleischten Unmöglichkeit, die Metaphysik zu überwinden, an der "Tatsache", daß letztlich der Sinn von A (in) B ist und daß man immer in der Beziehung, in der Repräsentation, in der Repräsentation von etwas anderem ist, daß jeglicher Versuch einer energetischen oder ökonomischen Beschreibung nutzlos oder schlicht illusorisch ist, daß man um das Problem des Sinnes als aufgeschobenem nicht herumkommt und daß die Grenze(1) ganz einfach der konstitutive Abstand jener Differenz ist, d.h. der konstitutive Abstand des Sinnes, konstitutiv für den Sinn?

Unsere Hypothese (und unsere Überzeugung), die auf der Bewegung des Polymorphismus in der Malerei und der zeitgenössischen Ökonomie beruht, ist hier gewesen, daß die Kraft des Gemalten nicht in seiner Verweisung, in seiner Verführung, seiner "Differenz", in seinem Status als Signifikant (oder Signifikat), d.h. in seinem Mangel liegt, sondern in seiner kommutierbaren Libidofülle.

Mehrfache Stille/vielfaches Schweigen

Das Begehren in Kategorien des Mangels, des Negativen gedacht; und das Begehren, das in Worten,Tönen,Farben,Körpern produziert wird, als Idee von positiven Vorgängen. Das Begehren *nach* etwas, das Begehren als solches. Das Begehren, das in der Leere das Doppel (das Phantasma,den Doppelgänger,die *Replik*,das Hologramm) *dessen* nachbildet,was ihm fehlt; das Begehren als Arbeit, als Metamorphose ohne Ziel,als Spiel ohne Erinnerung. Bei Freud kommt es in beiden Bedeutungen vor, als Wunsch (im Original deutsch) und als Primärvorgänge. Die den Primärvorgängen zuerkannten affirmativen Eigenschaften schützen es vor jedem "Denken",vor einer Partitur,welche seine Energie in *Articuli* und in Regelabstände einteilen würde. Die Positivität des *Es* bewirkt, daß das Ich dort *nicht* werden *kann*,daß ihre Versöhnung faktisch unmöglich ist,daß das eine mit dem anderen keine Einheit bilden kann (die eines Subjekts,eines Sujets,eines sei es auch "offenen" Werkes, einer Gesellschaft,eines Körpers). Mit der Einführung der Idee des Todestriebes beabsichtigt Freud,der Ökonomik,der Affirmativität des Primärvorganges *Nachdruck zu verleihen*(daher verschiebt er sie). Der Todestrieb ist nichts anderes als die Tatsache,daß die Energie kein *Ohr hat für die Einheit*,für das Zusammenspiel des Organismus (des "psychischen Apparates"), daß sie taub ist für die Komposition,d.h. gegenüber dem Mangel,der Leere,in der die Organe,die Articuli (die Noten) unterteilt und verteilt wären, um einen Kosmos und eine *musikè* zu bilden. Eros komponiert Musik. Den Todestrieb hört man nie, er ist still, sagt Freud. Und zwar deshalb,weil seine Libido-Ökonomie gegenüber den Regeln der

Komposition* und gegenüber der Hierarchie des Organismus taub ist.

Man hat weder die Commune noch den Mai 68 kommen hören. Umgekehrt jedoch haben die beiden *noch dazu* die süße Musik des sozialen Organismus gehört. *Wer wenig sieht,* sagt Nietzsche, *sieht immer weniger, wer schlecht hört, hört immer einiges noch dazu.*** Harmonisches.

Der Todestrieb ist nicht einfach ein anderer Trieb, sondern der ohne Regime, das Unbeherrschte. Freud nähert sich ihm über das Leiden: Alpträume der traumatisierten Neurotiker, Schicksals- oder Mißerfolgszwänge, Wiederholungen von Objektverlust. Doch er fügt hinzu, daß es im Organismus selbst, im Herzen von Eros und im Herzen der Komposition zudem noch das Umherschweifen, den Exzeß, die Vernichtung des Geregelten gibt. Extreme Leiden, extreme Freuden; hohe Spannungen, tiefe Depressionen. Das Komponierte, das Komponierbare bleibt innerhalb der Normen der Intensität, in den mittleren Intensitäten, es bleibt beherrscht. Der Todestrieb macht sich in den Spannungssprüngen bemerkbar, in dem, was Klossowski *Intensitäten* und Cage *Events* nennt. Dissonanzen, schrille Töne, Stillen, die wahrlich übertrieben, häßlich sind.

Der Sekundärvorgang ist ein Bindungsvorgang. Ein Ton ist ein Geräusch, das in eine Gliederung des sonoren Kontinuums (die Tonleiter), in ein Produktionsdispositiv (den Instrumentenbau), in eine Syn-

---

* 'composition' ist im Französischen auch das Wort für 'Zusammensetzung' im marxschen Sinne (vgl. z. B. *Das Kapital*, Band 1, S.223) (A.d.R.)

** Nietzsche, *Menschliches, Allzumenschliches, I, 544*

tax (den Kontrapunkt), in eine Rhetorik (das Genre der Sonate) einbezogen, eingefügt ist. Im Grenzfall bezieht der eingebundene Ton seinen Wert nicht mehr aus seiner Sonorität, sondern aus dem Netz seiner vorhandenen und möglichen Beziehungen - ebenso wie ein Phonem, eine arbiträre, distinktive Einheit. (Adorno unterstrich, daß "alle geschlossenen musikalischen Kunstwerke im Zeichen der Pseudomorphose mit der Wortsprache stehen. Alle organische Musik ist aus dem stile recitativo hervorgegangen. Sie ist von Anbeginn dem Sprechen nachgebildet."* Und er betont, daß die Zwölftonmusik sich im Protest konstituiert, indem sie die Geschlossenheit abschafft. Aber das ist nicht genug.) Die Komposition ist eine Arbeit, die das Material entsensibilisiert. (Sie geht mit Schönberg zu Ende, sagt Adorno.) Entsensibilisierung bringt den Bezug auf den Körper ins Spiel. Aber welchen Körper? Was ist Hören? Bei Adorno *und auch bei Cage* funktioniert implizit ein phänomenologisches Modell des Körpers: die nicht verwirklichte Sinn-Einheit, die dauernd dabei ist, sich entsprechend der Welt und mit ihr zu verwirklichen - aber dennoch Einheit und Sinn. Andersherum gesagt: die Welt der Töne, die in der Einheit eines Körpers zu sich selbst kommt. Oder noch anders gesagt: perzeptives und vorprädikatives Cogito. Also Sinn, Cogito, Bewußtsein. Für den Phänomenologen ist der Körper eine Region, wo sich *die* Töne in Musik verwandeln, wo das Un-gebundene (das Un-bewußte) sich bindet, wo das Geräusch Sonorität wird. (In der *Phänomenologie der Wahrnehmung* steht wenig über die Musik, etwas mehr darüber steht in der *Phénoménologie de l'expérience esthétique*: doch bei Merleau-Ponty wie bei Dufrenne ist die Musik

---

* Th.W.Adorno, *Philosophie der neuen Musik*, Ffm. 1958, S. 122

eine Frage der Methode: Überfluß an Metaphern des Rhythmus, der Konsonanz, des Akkords, der vibrierenden und synästhetischen Gewalt, überall Kampf gegen den Neukantianismus als aus dem Kopf hervorgegangene Musik). Der phänomenologische Körper ist ein Körper, der komponiert, der erotisch ist, und von Eros bewohnt wird. - Doch Komponieren heißt stets auch filtern und binden, heißt ganze Regionen der Klangwelt als Geräusche ausschließen und "Musik" ("Hörbares") mit dem input produzieren. Nicht einmal die vom komponierenden Körper abgewehrten Geräusche werden gehört. Und wenn sie doch gehört werden, dann als Dissonanzen, als Einbruch einer Klangfülle in ein Dispositiv, das nicht darauf vorbereitet ist, sie aufzunehmen, sie in Musik zu verwandeln. Auf diese Weise ist der phänomenologische Körper ein Filter und verlangt also die Entsensibilisierung ganzer Ton- und Klangbereiche.

Umgekehrt ist die Sensibilisierung gegenüber dem Material extrem, sie kommt dem Tode des Filterdispositivs nahe (des Reizschutzes, wie Freud sagt), - sie ist Macht von Intensitäten, intensive Macht, und sie verweist nicht auf die Einheit eines Musik-, Musiker-Körpers, sondern auf Spannungssprünge, auf heftige Singularitäten. Im Prinzip gibt es kein Dispositiv, um diese Intensitäten aufzunehmen: ihre Singularität besteht darin, daß sie nicht von einem Gedächtnis auf Referenzeinheiten (eine Tonleiter, Harmoniegesetze, oder ihr im phänomenologischen Körper vermutetes Äquivalent) zurückgeführt werden, da es keine Regeln gibt, um sie zu ermessen. Es reicht nicht zu sagen, wie Cages Vater es Cage zufolge ausdrückte: *Measurement, he said, measure measuring means* - was phänomenologisch, d.h. erotisch-logisch ein Körper ist, der sich zum Ganzen macht, indem er die Welt und die Musik erschafft.Es muß gesagt werden,daß keine Einheit,keine großartige Einheit,keine Komposition mit *jenem* Laut *dort,diesem* Ton *hier, dieser* einzigartigen Intensität,sondern eher *trotz* ihrer entsteht. Dieses Ereignis hören heißt,es verwandeln: in Tränen,in Gesten,in Lachen,in Tänze, in Worte,in Töne,in Theoreme,in das Streichen der Zimmerwände,in den Umzug eines Freundes.So hat ein schwarzer Kater (Lhermit) die *Musik* Kagels *für Renaissance-Instrumente* gehört: Aufstellen der Barthaare,Zucken der Ohren,Umherstreifen im Konzertsaal.Die Intensität des Ton-Geräusches = ein Anstoß,um etwas Schlag auf Schlag, in steter Wiederkehr zu produzieren,worin sich nichts wiederholt. Man muß den komponierenden Körper (den phäno-sozialen Körper) in-disponieren, damit solche Metamorphosen anstelle der grauen Metaphern des Diskomponisten im musikalischen Museum möglich werden. *He was a physicist and a computer-composer in his spare time. Why was he so stupid? Because he was of the opinion* (fragt Cage) *that the only thing that will engage the intellect is the measurement of relations between things?*

Was man Musik nennt,ist ein Dispositiv,das

1. die Libido vor allem im Tonbereich besetzt: ein Umwandler von Libidoenergie in hörbare Energie und umgekehrt; dies setzt bereits Energiemengen voraus,die laufend zur Abgrenzung dieses Bereichs - auch im Körper selbst,z.B. die Abkopplung der Stimm- und der Gehör-Höhlungen von den Armen,den Beinen,dem Tanz - eingesetzt werden;
2. im klassischen und barocken Abendland an Partialkörper musikalische Prothesen - Instrumente - anschließt; diese Schaltung macht neue Besetzungen einiger Körperteile erforderlich, z.B. der Hände und Fin-

ger des Pianisten oder Flötisten, aber auch des Arm-Schulter-Kinn-Komplexes beim Geiger, des Oberkörpers beim Schlagzeuger, der Knie beim Cellisten und der Harfenspielerin;

3. nur diskontinuierliche Töne produziert, deren Höhe auf 1/2 Ton genau auf einer festgelegten Partitur des sonoren Raums ausgemacht werden kann;
4. der C-Dur-Tonart den Vorrang einräumt, die fünf der zwölf Halbtöne als untergeordnete Noten, als "*Übergangs*"-Noten behandelt;
5. als Tonalität nur die von der "phythagoreischen" Tonart vorgegebene Verteilung der Intervalle zwischen den Tönen duldet;
6. als Akkorde, deren Töne durch Terz-Intervalle getrennt sind, Aggregate aus drei Stufen privilegiert;
7. in der C-Dur-Tonart den Dur-Akkorden, den sogenannten vollkommenen Akkorden, die auf die 1., 4. und 5. Stufe gelegt sind, den Vorrang gibt;
8. usw. usw - ich überlasse das Feld schlaueren Leuten - das geht ohne weiteres.

Es geht darum zu zeigen, was ein Dispositiv ist: eine Überlagerung von Rastern, welche die Energie-, hier die Klang-Ströme filtern. Diese Raster sind keine Dinge (es gibt keine Dinge) - es sind Libido-Besetzungen, die bestimmten Geräusch-Tönen das Kommen oder Gehen verwehren und die sich halten und übertragen. Ein beträchtlicher Anteil des Libido-Potentials wird für diese peinlich-polizeichlichen Funktionen aufgewendet. Ein Skandal, wenn das Dispositiv einen im Prinzip ausgeschlossenen Geräusch-Ton produziert: noch heute bin ich, wie schon als Kind, wenn ich einer Sängerin zuhörte, voller Bange und Neugier ob zweier Eventualitäten: daß sie ihren Text vergißt oder daß sie zu nießen anfängt. Als Tudor und Cage in

Basel *Mureau + Rainforest* spielten, begann eine Gruppe von Protestlern neben Andrée und mir zu schimpfen, das Gebrüll und Wiehern zu imitieren: das war kein Zwischenfall - das paßte alles wunderbar ins Spiel. Sie hätten eine *Suite* von Bach sehr intensiv spielen sollen, und selbst dann noch...

Die Dissonanzen der klassischen Barockmusik "präpariert" man und "löst" sie dann auf. Mit einer kleinen Dissonanz schafft man eine leichte Spannung, die man dann mit dem Grundakkord liquidiert. "Der Dominantseptakkord", schreibt Barraud, "enthält ein Intervall, das eine unwiderstehliche Herausforderung schafft... Er will über einen Grundakkord in eine vollkommene Kadenz aufgelöst werden". (Doch Barraud fügt in Klammern hinzu: "ein unwiderstehlicher Reiz, dem die modernen Musiker übrigens sehr gut widerstehen".) "Spannungs-Dispositiv", sagt der gleiche Autor zu den Dissonanzen, "welche die Dynamik (des Tonsystems) vervielfältigen und die tonale Funktion hervorheben". Was bedeutet dieses Dynamisierungsspiel vor dem Hintergrund einer verstärkten Identität? Das Nicht-Funktionieren bringt den Wunsch nach Wiederherstellung der geschlossenen Form mit sich. Das ist das Fort-Da-Spiel (im Original deutsch). Das ist die Verwandlung der Libido als Energie in Wunsch. Das positive Umherschweifen der ersten wird zur Negativität der zweiten, zum *nachgeahmten* Objektmangel. "Die dramatische Musik, als die wahre musica ficta, bot von Monteverdi bis Verdi den Ausdruck des stilisiert-vermittelnden, den Schein der Passionen."*, schreibt Adorno. Das Paar Dissonanz-Auflösung ist eine gute Einführung in die Frage des *Scheins* in der

---

* *Philosophie der neuen Musik*, Ffm.1958, S.42

Musik, da er für die *Tiefe* konstitutiv ist. Hier stößt man auf die libidinale Triebfeder der Theatralität, die tiefe Übereinstimmung von Musik und Schauspiel im "klassischen" Abendland, auf die überragenden Rolle der Oper, auf die Möglichkeit der Erfindung des Kinos. Von der Politik ganz zu schweigen.

Das *Fort-Da*-Paar ist nicht die *Da-Fort*-Sequenz; *Da-Fort* ist eine Dissonanz; *Fort-Da* ihre Auflösung. Die Wiederholung des *fort!* hängt von der Wiederholung des *da!* ab. Die Intensität jedes Leidens (die Angst) wird zurückgeführt auf die einfache Furcht, ein Objekt zu verlieren, und auf das Bedauern, es verloren zu haben. Herrschaft des Eros, welche das Umherschweifen auf die Spieltätigkeit reduziert und entstellt. Aus dieser Herrschaft geht die Inszenierung hervor: der Rand des Bettes wird zur Rampe der Bühne, das Auf und Ab der Garnspule zum Sprechgesang (im Original deutsch) des Kindes in den Kulissen. Das ist die Höhle.

Das Politische ist nicht nur die Leere, die Negativität , der Chiasmus der Sozialität, wodurch sie zu sich selbst kommt (Phänomenologie des Politischen); das Politische ist ebenso das, was jenes verdeckt, auslöscht, *Scheinproduktion*, Bindung des Zusammenhanglosen in einem Theater-Dispositiv, das dem *Fort-Da* analog ist. Die Primärvorgänge werden verkannt, sie werden als spektakelhafte Negativität nachgeahmt. "Ihr seid unglücklich, weil man euch ein Objekt, eine Garnrolle, euer Eigentum, eure Arbeit, Freiheit, eure Lust genommen hat." Man schafft die Verstimmung, die Dissonanz, die nichts als Wegnahme, Substraktion ist, und löst sie also durch Totalisierung auf.

Der dem Grund-,dem Dominant- und dem Subdominantakkord eingeräumte Vorrang impliziert die Höherbewertung des Ganzen gegenüber den Teilen: diese drei Akkorde ergeben zusammen *alle* Stufen der Tonleiter. Die Auflösung weist auf die Totalität hin. Die Dialektik und die dialektische Politik beruhen ebenfalls auf dem Prinzip,daß die Dissonanzen (Konflikte,Kämpfe,Unstimmigkeiten,Unordnungen,Ungerechtigkeiten,Ungleichheiten) verschwinden,sobald die organische Totalität gegeben ist. Die Dissonanz ist Entfremdung,Parteinahme fürs Ganze; sie löst sich auf im richtigen Standpunkt, dem des Ganzen,dem des Komponisten,der der Fürst der Töne,der Sekretär ihrer Partei ist.

Wäre ich Musikwissenschaftler,so würde ich folgendes zu schreiben wagen: Man kann die *Tiefenwirkung* (die grundlegend für die Theatralität ist) ausgehend von der Hierarchie der Klangqualitäten in der klassischen Musik bestimmen.Bei der Auflösung einer Dissonanz im Grundakkord zum Beispiel nimmt die Ohr-Erinnerung,wenn sie den dissonanten Akkord oder den Dominantakkord hört, den Weg voraus,der eingeschlagen werden muß, um durch den Klangraum hindurch ans Ziel zu gelangen. "Tiefe" setzt voraus,daß man hier und dort zugleich ist: in der Dissonanz hört das Ohr bereits den vollkommenen Akkord da unten.Und es kann schon dort sein,weil es den Weg kennt,der dorthin führt(Kadenz).Auf diese Weise wird die Zeit "beherrscht". In der Malerei erfüllt die *costruzione legittima* die gleiche Funktion,nur eben bezüglich des Raumes: mit Hilfe der Orthogonalen durchquert das geistige Auge die Distanz, welche den Vordergrund von dem Hintergrund trennt, indem sie es konstruiert.Der Hintergrund *löst* den Vordergrund *auf*. Die costruzione legittima "durchdringt" nicht nur den plastischen Untergrund,indem sie ihn als zweidimensionale Fläche maskiert, sondern sie löscht im visuellen Raum die gesamte periphere,gekrümmte,anamorphische,turbulente, ereignishafte Zone aus. Das tonale System maskiert auf die gleiche Weise die Zeit-Oberfläche, die Zeit der Ereignisse: der Grundakkord wird durch eine Vielfalt von Themen und Variationen hindurch im Schweben gehalten,er neutralisiert diese also als Schein,den er auflöst - ganz so wie die Verschiedenheit des visuell Gegebenen im System der Orthogonalen,welche das Auge zum beherrschenden Punkt führen,aufgelöst wird.Der Schein geht von diesem Dispositiv aus. Die Tiefe (und somit der Schein) entsteht erst als Auflösung,Versöhnung oder Totalisierung des Verschiedenen in der Einheit des Fluchtpunktes oder der Tonika,der Sekundarisierung. - Wäre ich ein Musikwissenschaftler,würde ich noch hinzuzufügen wagen,daß die Machtergreifung der Harmonie über die Melodie in der Barockmusik in ihrer Wirkung dem analog ist. Im cantus planus gibt es Stimmen,die unabhängig voneinander sind und die nomadisieren,sich begegnen,wieder auseinandergehen,deren Verlauf mit den Akkorden und Grundtönen, die später bevorzugt werden,nichts gemein hat. In der romantischen Musik unterstellt die Kunst des Kontrapunktes dies Verschiedene einem Harmoniegesetz. Die Melodie verläuft dann nicht für sich allein,sondern als ein Schein,als ein Oberflächeneffekt,der vermittels einer harmonischen Konstruktion auf einen Hintergrund verweist. Auch hier das gleiche Inszenierungsdispositiv ,begleitet vom Schweigen des Regisseurs, von der Auslöschung der Spuren der Arbeit.

Die Fläche als Schein zu erstellen,heißt eben *konstruieren*: heißt Aktionen zu machen,die als die Effekte von etwas anderem,eines Anderen aufgefaßt werden und nicht als Ereignis, als das, was aufkommt. Das Geheimnis des Bauwerks, der *fabbrica*, sind der Plan und der Aufriß. Die Szene, die Bühne ist ein Bauwerk, die Architektur wir zur Inszenierung: Brunelleschi, Francesco di Giorgio, Serlio, Palladio. Das soll nicht heißen, die architektonische Konstruktion ginge den anderen Konstruktionen voraus - es findet sich ja überall die gleiche Funktion: Flächen zu schaffen, die Erscheinungen, *Skenai*, *scoenae*, Leinwände-Vorhänge sind. Dazu gehört auch die Raumoberfläche, wie es der Bühnenaufbau des Teatro Olimpico in Vicenza zeigt. Desgleichen gilt für die *Konstruktion* (im Original deutsch) in der Analyse, so wie Freud sie gegen Ende beschreibt, sie produziert den Diskurs dessen, der sich ihr unterzogen hat, als Symptom, als Oberfläche.

Die Fläche als Schein zu produzieren heißt die Fläche als Ort der Einschreibung zu produzieren. Aber stellen wir uns vor, die Renaissance hätte nicht den Schein in der Malerei, der Musik, der Architektur und der Politik erfunden oder wiedererfunden, stellen wir uns vor, es gäbe keine verallgemeinerte Theatralisierung: dann gibt es keine Fläche als Ort der Einschreibung; schon die Kategorie der Einschreibung ist unmöglich, da sie die Trennung in einen Handelnden (Regisseur, Maler, Architekt, Komponist, Fürst) und in ein Behandeltes (die sogenannte Einschreibungszone, das Wachs, die tabula rasa, das Volk, das auf dialektische Weise zu den Massen geworden ist) und den Analysierten (welcher durch die dialektische Bewegung zum Analysierenden geworden ist) impliziert. Diesseits der verallgemeinerten Theatralisierung und Einschreibung muß man sich die Primärvorgänge als Kopplungen und Transformationen von Einflüssen oder Strömen vorstellen, ohne daß es uns jemals möglich wäre, zu entscheiden, was bei der Kopplung nun aktiv oder passiv ist. Also ohne Einschreibungsmöglichkeit und ohne Fläche. Die Einschreibungsfläche (eine in einen Rahmen gespannte Leinwand, Bühnenrahmen, Tonrahmen, Verhandlungsräume und Dienstzimmer, in denen politische Entscheidungen getroffen werden), diese Flächen sind selber Ströme von Libidoenergie, die geronnen, zum Stillstand gekommen sind, die wie Kanäle, Schleusen, Regulatoren des Begehrens, wie figurierende Figuren funktionieren. Weder Ziel noch Beweggrund, noch Gegenstand: eine den Nomadismus des Todestriebes anhaltende und die Intensitäten reduzierende Erosbildung.

Wenn Leriche sagt, die Gesundheit sei das Schweigen der Organe, dann zeigt er damit, daß er kein Ohr hat, daß er das peinlich-polizeiliche Ohr des Europas der Klassik hat. In einem schalltoten Raum macht der Körper Cages (der völlig gesund ist) Geräusche: Pulsschläge, Nervenreize. Das Stillschweigen der Organe macht einen Heidenlärm. Steckt euch Oropax in die Ohren! Der Tod und so manche Krankheit gehen so schweigend zu Werke wie die Gesundheit. Freud sagt das Gegenteil von Leriche: er sagt, der Todestrieb sei immer stumm, vom Rumoren des Eros erstickt; es ist die Gesundheit, die rauscht, Lärm macht (immer musikalisch). Zutreffend formuliert lautet die Alternative nicht Lärm oder Stille. Die Stille als Gesundheitsideal, das ist die Neurose Europas, die diese Repräsentation verlangt: die Triebe zum Schweigen zu bringen, sie draußen zu halten (der *Limes*, die erste Oberfläche), das beruhigende Bild vom geeinten Körper zu verbreiten, der nach aussen den lückenlosen, in einem Stück gegossenen, bronzenen Panzer seines Reizschutzes zeigt und in dessen "Innern" es nichts mehr zu hören,nur noch die Leere gibt. Schon das Halbrelief und der geölte Athletismus der Griechen entwickelten sich in diese Richtung.

Doch die "Oberfläche" des Körpers ist keine Fläche,die mit einem Bühnenvorhang,mit einer Kinoleinwand oder einer Malerleinwand verglichen werden kann. Sie ist voller Löcher, oder besser gesagt,die Löcher gehören zur Haut, die Haut rollt sich ein und gräbt das,was man das Innere nennt, ein "Interieur" (weil man den Blickpunkt des Theaters einnimmt), das aber in Wirklichkeit genauso äußerlich wie das "Außen" ist. Die "gelungene Form" im "Innern" als Stille,das ist der geleerte, gesäuberte Körper,das ist das Auslöschen des Ton-Klang-Körpers zugunsten eines Dirigentenkörpers, ein musikalisch vernichteter,ausgelöschter Operator. Von der Stille des Lärms,Plural,zur Stille der Ordnung,zu Ruhe und Ordnung. Von nun an ist es die Stille des Fürsten,der in seiner Loge im Theater des Serlio oder Palladio sitzt,ist es die Stille,die dem Publikum im Konzertsaal genauso wie der ganzen Bühnenmaschinerie und den Maschinisten auferlegt wird: bei guter Gesundheit darf Leriche,darf der Arzt,darf der Fürst den vermeintlichen Regisseur des Körpers,den Orchestergraben, den Theaterboden,die inneren Organe,die Blut-, Luft-,Scheiß- und Spermapumpen nicht hören. Stille,die von der Auslöschung herrührt,also das Gegenstück zum Schein ist.

Wenn Mao den Yang-tse-Kiang durchschwimmt, macht sein Körper Geräusche,hört das Gegenüber von Innen und Außen auf zu bestehen. Wäre der Fürst dann also nicht mehr der große Stumme, der ewig im richtigen Distanzpunkt auf seiner Tribüne auf dem Platz von Peking sitzt,die Massen betrachtet,sein Ebenbild im Spiegel der Massen sieht,und nicht dem Lärm der Libido in seinem Körper lauscht,sondern eine einzige Stimme das Mao-Denken rezitieren-singen hört? - Beim Kraulen in der Bucht,wenn man mal links einatmet und mal rechts,hat man folglich alle eineinhalb Schwimmstösse: 1. die Töne unter Wasser,zum Beispiel die schrillen Töne,die von weither kommen (Bootsschrauben) mit ihren Obertönen,und die tiefen Töne des Aufsprudelns vom Schlagen mit den Füßen und vor allem das Glockenspiel der Luftblasen,die an den Ohren entlanggleiten und zerplatzen; 2. alternativ, a) wenn das aus dem Wasser schauende Ohr zum Ufer gewendet ist,den ganzen Krach der Stadt,des Strandes mit seinen vereinzelten Geräuschen - einer Glocke,der Feuerwehr,einer Hupe,einem Lautsprecher,den Schreien der Kinder,die in der Nähe baden; b) wenn das aus dem Wasser schauende Ohr dem offenen Meer zugewandt ist,hört man jenes Säuseln,das das Ohr streift,das Plätschern des Wassers,und etwas weiter draußen das Brummen von Motoren,Rufe von Möwen. - Beim Kraulen wendet sich der Körper,dreht sich ganz um seine Längsachse,wobei immer abwechselnd ein Ohr auf, das andere zu ist. Die Bewegung vollzieht sich wie eine Maschine,die Töne produziert,wie ein Musikinstrument, *wobei jedoch die von der Bewegung als solcher erzeugten Geräusche zu diesen Tönen gehören*. Füße,die wie Flügelschrauebn schaufeln, Arme,die wie Radgabeln greifen - die aber was schaufeln,greifen? Dinge? nein - Energie,Trägheit, also Reibungen und Chocs bewirken,kräftiges Ein- und Ausatmen,wobei auch das Herz seine Schläge diesem Gewühl mit hinzugibt. Zu sagen,der Körper höre sich nicht in seiner Mühe und in dieser Freude (noch so eine Idee von Leriche), ist unrichtig - sicher, er ist der Operator entstehender und vergehender Töne,doch seine eigenen Geräusche, seine lärmende Arbeit ist bei diesen Aktionen mit im Spiel. Was da abläuft, ist nicht das, was sich gemäß der Ideologie von der "Körperkultur" abspielen müßte: Beherrschung des Körpers etc.; was da abläuft, ist Bewegung und Musik ohne Schein. Nicht Beherrschung sondern Metamorphose. Kraulen können ist keine Macht über, sondern Vermögen von Sonoritäten (und ebenso von Berührungen und Farben). - Wenn wir an der Seite eines Freundes schwimmen, dann will keiner von uns Gewalt über den anderen oder über das Wasser, wollen wir nicht sehen, wer schneller ist, die Zeit überrunden etc. oder anderen obsessionellen paranoiden Antrieben folgen, welche von der Politik oder von der politischen Ökonomie genährt werden, nein, wir wollen gar nichts gewinnen, uns gar nichts aneignen, sondern zusammen Musik machen. Wenn ich seiner Seite zu einatme, ein Auge und ein Ohr auf der Wasseroberfläche habe, höre ich das Klatschen seiner Handflächen, die immer wieder die Oberfläche suchen - er schwimmt, als würde er fliegen (und ich daneben wie ein Walroß), bald haben wir den gleichen Rhythmus, bald verlieren wir ihn, und schon das ist so schön wie die polirhythmischen Erfindungen des *Sacre du printemps*. Keine Beherrschung des Körpers, sondern seine Auflösung im Funktionieren.

Diese Beschreibung ist noch viel zu phänomenologisch, noch viel zu sehr auf einen Erfahrungsgegenstand bezogen. Man müßte zeigen, daß dieses Dispositiv aus Energiestaus besteht: Regulierung des Atemrhythmus, Synchronisierung der Hand- und Schulterbewegung, Desynchronisierung der Arm- und Beinbewegung, Blockierung der Knie, Geschmeidigkeit der Knöchel etc. - daß sie aus einer Reihe von Besetzungen besteht, die diese Art von Tanz im Wasser möglich macht. Diesseits das Unvorhersehbare, Verrückte, Willkürliche der Begierde, die sich in dieses Dispositiv hier investiert und Euch das Kraulen ermöglicht. Und man müßte auch die Rebellion der Primärvorgänge mit in die Rechnung einbeziehen; die auf einmal den Schwimmer zusammenklappen lassen, ihm die Luft ausgehen lassen, ihn zum Lachen, zum Anhalten zwingen, ihm Angst einjagen, die Maschine kreischen lassen.

"Wie ein Fisch im Wasser", damit sollte die Auflösung des Scheins, die Abschaffung der theatralen Beziehung zwischen dem Fürsten, diesem potentiellen Fürsten, der jedes Parteimitglied ist, und den Massen (= den Leuten, die keine guten Plätze haben, die *noch dazu* hören, die in den Lärm, in die Resonanzen und die Echos, in den Widerhall getaucht sind) gemeint sein. Auf alle Fälle: nicht wie der Chef auf der Tribüne. Und auch nicht wie die richtige Maschine in ihrem *Wirkungsmilieu*. Sich vorstellen, daß das Wasser den Fisch bedroht und ertränkt, oder daß es ihm beibringt, daß er selbst nur Wasser ist. Sich einen Sturm vorstellen: die Musik des richtigen Fisches, die vom Rauschen der Grundströmungen überlagert und aufgelöst wird, und dazu der Widerhall der Brandung.

In tiefer Nacht hörte er weit entfernt am anderen Ende der Wohnung (bürgerliche Wohnung des ausgehenden 19. Jahrhunderts) das, was die Erwachsenen in seiner Umgebung eine "Szene", "eine Szenemachen" nannten, menschliche Geräusche, aber von einer unmenschlichen Intensität, Lautstärke und Dauer; er erhob sich *lautlos*=mit dem Ächzen des alten Bettes, dem Knarren des Parketts, dem Quietschen der Türe; er näherte sich der vermutlichen Quelle, der Tür des elterlichen Schlafzimmers, der Tür, die da die Funktion des Bildschirms oder Bühnenvorhangs erfüllte,er ahnte ,daß seine Mutter heulte,weinte,flehte: "es ist kein Pfennig im Haus", daß sein Vater sich stumm vor ohnmächtiger Wut im Bett herumwälzte,er hörte das Schnaufen vor Ärger,begleitet vom Knarren der Matratze. Das war während der Krise 34-35 in Paris, als sein Vater keine Arbeit mehr hatte. Er hörte sein Herz in den Ohren pochen. Deck-Erinnerung? (Aber mit Freud bleibt man so oder so bei der Projektion/den Bildschirmen: alles wird zum Bildschirm,sobald man einen Ursprung annimmt,einen Ursprung unterstellt. Unter-stellen/Unter-schieben heißt schon Produktion von Schein,Theater.) In jedem Fall: Musikerfahrung und Experimentalmusik ohne Erfolg noch Mißerfolg,aber mit Ereignis: dieses reißt mit einem Schlag die Libido-Ökonomie,die politische Ökonomie und die Ton-Ökonomie mit sich.

Freud sagt zur Hysterikerin: Sie sehen Szenen,haben Phantasmen,sagen Sie mir,was Sie sehen,und in dem Maße,wie Sie mir das mitteilen,wird die Beharrlichkeit der Bilder vergehen. Es gibt also ein Theater aus Bildern,dessen Zuschauerin die Hysterikerin auf der Couch ist. Und hierauf baut Freud ein zweites Dispositiv auf,in welchem die Hysterikerin zur Akteurin und der Analytiker zum unsichtbaren Zuhörer wird; auf das Theater folgt das Radio,genauer noch: ein auf den Theatersaal geschaltetes Radio,wo der Zuhörer selber nicht die Szene sieht - ganz so wie in den Rundfunkübertragungen von Boxkämpfen oder Fußballspielen. Die in Bilder investierten Energien werden verausgabt,aber in Worten.Diese Worte (des Patienten,des Reporters) treffen auf das Stillschweigen des Analytikers: knisternde Stille, versteht sich, diese Worte voller Liebesverlangen bleiben ohne Antwort. Käme eine Antwort aus dem

Munde des Analytikers,dann wäre es,als beträte er selbst den Schauplatz,die Szene der Phantasmen,und die Phantasie (im Original deutsch) würde sich nicht auflösen,sondern sich im Gegenteil verstärken: es geschähe das,was im täglichen,imaginären Leben abläuft,wo die Hysterikerin zwar Augen hat,aber nicht hört/nicht versteht.Hier im Kabinett des Dr. Freud geht es aber darum,das zu hören,was in der und durch die phantasmatische Inszenierung schweigt. Das Schweigen des Analytikers *soll* dem Schweigen der Hysterikerin ein Ende ,Ziel bereiten. Auslöschen der Produktionsmechanismen im Symptom,Offenlegung dieser Mechanismen in der Analyse: zweierlei Schweigen unter umgekehrten Vorzeichen,die Stille des Lärms, des Imaginären,die Stille der Struktur,des Symbolischen; und als Sprungbrett von der einen zum anderen,das Schweigen des Analytikers. Aber all das ist komplementär,alle Elemente gehören zu einem einzigen Dispositiv, dem der Analyse. Die von der Hysterikerin an den Analytiker gerichteten Worte befördern das Rumoren der Affekte, sie treffen auf das Schweigen des Doktors,dank dessen sie sich in der "reinen" Stille der Ratio verteilen werden,welche die unterscheidenden Einheiten (Phoneme) trennt, und es möglich macht,den Sprachsignifikanten zu erkennen und ihn schließlich mitzuteilen. Aus diesem Grund wird die dem Analytiker unter solchen Bedingungen erzählte Szene "befreit", in Umlauf gebracht,liquidiert - wie Freud sagt "erlöst" -, das Phantasma-Phantom,das sie fesselte, wird widerrufen,der wahre Gott,Logos,siegt.

Man sagt bei Freud käme keine Musik vor.Nicht als Thema - aber als Dispositiv ebensooft wie im *Exodus* - und das hilft Freuds Verwandtschaft mit Schönberg zu erkennen.Die Hysterikerin ist das Volk Israel,das nach Zeichen (Antworten)und

Idolen verlangt,das um das goldene Kalb tanzt. Für Freud ist das goldene Kalb Strauß,die Italiener,die Katholiken (Wagner,die Frauen?).Jahve selbst singt nicht und kann nicht besungen werden: Freud schrieb einen kurzen Text über die Vokale im Hebräischen und über die Unaussprechbarkeit des Tetragrammes: den Namen des Vaters anstimmen zu können,würde bedeuten,ihm eine greifbare,spürbare,götzenhafte Präsenz zu verleihen. Die tonale Musik gehört zur phantasmatischen Szene (Vgl. den Text über das Phantasma des kleinen rhythmischen Geräusches,dessen Urheber,so vermutet Freud,die clitoride Masturbation ist). Aron,der Schwache,ist ein bewundernswerter Tenor,der ebensoviel Hang zur Melodie wie zum *Espressivo* hat. Was Moses anbelangt, so spricht er an der Schwelle des Gesangs,ohne wirklich zu singen,er spricht,indem er moduliert: man meint geradezu,Schönberg habe den Sprechgesang (im Original deutsch) für ihn erfunden. Sein Libretto ist so wenig zweideutig wie möglich, es beginnt mit *Einziger,ewiger,allgegenwärtiger,unsichtbarer und unvorstellbarer Gott* (1.Akt,1.Szene)(im Original deutsch). Die Musik des Dispositivs der Heilung, das ist Schönbergs Oper *Moses und Aron*. Unvollendetes Werk,unendliche,unabgeschlossene Analyse. Wie das Judentum,geht die Analyse,vor allem bei Lacan,vom Prinzip aus,daß die dröhnende Stille der Passionen in das Schweigen des Signifikanten übergehen muß und so beseitigt wird. Durch eine Verkehrung,die dem Judentum isomorph ist,nennt sie signifikant nicht, wie es in der Linguistik der Fall ist,das Gegebene,das heißt die für die Lokuteure "wahrnehmbare Seite des Zeichens", sondern das als Produzent des *Systems* der Zeichen vorausgesetzte "Subjekt". Nicht die Worte von Moses oder Aron,sondern das Schweigen *von* Jahve - das von ihm gehütete Schweigen (ohne Antwort),und das Schweigen,das behütet (unaussprechbar) ist. In diesem Dispositiv ist der Analytiker wie Moses der (selber schweigende) Umwandler eines Schweigens in ein anderes.Der Sprechgesang ist der Übergang von der leidvollen,melodischen Stille zur systematischen,kombinatorischen Stille; dieser Übergang geschah aufgrund des Schweigens des Vaters.

Schönberg ist der Luther der neuen Musik,der Serialismus war seine reformierte Kirche; so wie Freud der Luther des Unbewußten war,sagen Deleuze und Guattari; wie Adam Smith der Luther der politischen Ökonomie war,sagt Engels. Man kritisiert die Religion im Rahmen der Religionen,die Musik im Rahmen der Musiken,das Bewußtsein im Rahmen der Wissenschaft und die Psychiatrie im Rahmen der Therapeutik,die politische Ökonomie im Rahmen des Privateigentums.Diese Rahmen sind die Grenzen des Tempels oder des Museums (des Konzertsaals) oder des notariellen Gutachtens oder der Praxis des Arztes: Grenzen (1),die des Bauwerks. Die Reformation ist nichts anderes als die Zerstörung der Grenzen (2),die im Innern des Bauwerks, im religiös-politisch-musikalisch-pikturalen Guckkasten-Dispositiv,den Saal von der Bühne trennen: Bühnenrampe,Dirigentenpodium,Tribüne des Tribuns,Bilderrahmen:Trennungen,die man ohne Verkleidung für unüberschreitbar hält. Innerhalb der Grenzen (2) verlaufen versteckt die wahren Grenzen (3),die von der Auslöschung,von der Inszenierung,von der Harmonie und der Komposition,der Rhetorik und der Macht,von der sogenannten costruzione legittima ausgelöschten Auslöschungsoperatoren. Schönberg,sagt Adorno sehr treffend,will den Schein zerstören; der Auszug Schönbergs aus dem musikalischen Ägypten,aus der modulation continu

Wagners, aus dem Expressionismus, aus der *Musica ficta*, ist sein Auszug in die Wüste selbstgewählter Armut der Mittel: Serie, zwei Operationen (Verkehrung und Retrogradation), vier Positionen a, a', 1/a, 1/a'. Diese Armut erlaubt gerade aufgrund ihrer Strenge, die Dissonanzen mit aller Konsequenz anzugehen: ... *wollte ich alle treffen, die ihr persönliches Heil auf einem Mittelweg suchen. Denn der Mittelweg ist der einzige, der nicht nach Rom* (= ins Gelobte Land) *führt. Ihn aber benützen solche, die an den Dissonanzen naschen; also für modern gelten wollen, aber zu vorsichtig sind, die Konsequenzen daraus zu ziehen; die Konsequenzen nicht bloß aus den Dissonanzen, sondern weit mehr noch die aus den Konsonanzen sich ergebenden* (Vorwort zu *Drei Satiren für gemischten Chor,* 1925). Das Prinzip der Dissonanz so weit wie möglich auszudehnen, heißt *aufhören, das Ohr zum Funktionieren anzuhalten*: das Prinzip der Immobilisierung, welches das Auge von Cézanne schon 25 Jahre vorher in der Landschaft von Aix beobachtete und mittels dessen der Moses der modernen Malerei aufhören wollte, "das Auge zum Funktionieren anzuhalten". Man bleibt von nun an, wo man ist, es gibt keine Auflösung des Fluchtpunktes mehr, in dem das Verschiedene sich vereinigt, es gibt keine Geschichte, keine Heils-Epiphanie mehr, es gibt eine intentionslose Sprache, die Anforderungen stellt, die keine Religion fordert, sondern Glauben. Schönberg kritisiert die Musik als erbauliche *Erzählung*, er möchte aus ihr einen *Diskurs* machen, der durch ein Sprechen erzeugt wird, welches ein willkürliches, aber in all seinen Konsequenzen (Jahves Sprache) entwickeltes System ist, und somit immer als unannehmbar und tragisch empfunden wird, soetwas wie das Unbewußte Lacans? Eine neue Transzendenz wird in das Klangmaterial eingebracht, jede Vertrautheit wird unmöglich,es siegt das Tragische wie bei Freud. Was die dodekaphonische und serielle "Technik" ebenso wie die analytische "Technik" sucht,ist das Tragische,das heißt das,was in den Augen Freuds und Schönbergs dem wissenschaftlichen oder musikalischen Positivismus des 19. Jahrhunderts völlig abgeht. Das Tragische ist die Intensität außerhalb von Bedeutung,die jedoch auf die Intention eines Anderen bezogen ist.

Die Wiederkehr des Judentums als beiden Werken zugrundeliegendes gemeinsames Dispositiv hat natürlich - wie Adorno zu Schönberg bemerkt - eine kritische Funktion gegenüber der a-kritischen Gesellschaft und Ideologie,doch sicher nicht da,wo Adorno dies erwartet.Die Entsensibilisierung des Materials kann nicht der Industriegesellschaft und ihren mechanischen Reproduktionstechniken (von denen wir wissen,daß sie ebensogut das Gegenteil, die Hypersensibilisierung des Materials,hervorbringen können - wozu es genügt,an die Musiken von Kagel,Cage,Xenakis,Zappa und Hendrix zu denken) angelastet werden und ist ohne Benjamins Konzept von der Zerstörung der *Aura*,das selber dem negativen Denken des verlorenen Meisterwerks,der modernen Technologie als Entfremdung angehört,kaum denkbar.Diese Entsensibilisierung bei Schönberg und Lacan stammt in Wahrheit aus der Vorstellungswelt der *Therapeutik*,welche das Werk Schönbergs und das Werk Freuds gleichermaßen heimsucht: Therapeutik durch *Verstärkung* des Diskurses,des Diskontinuierlichen,des Rationalen,des Gesetzes,der Schweigepflicht,der Negativität,und das eben nicht im Geiste des Positivismus,sondern im Geiste des tragischen Negativismus,des Schicksals,des Unbewußten,des Unbegreiflichen. Das freudsche und postfreudsche Werk zeigt,worin dieser tragische Negativismus besteht: nämlich aus der Anwendung

des Heilsdispositivs,der kontrollierten Übertragung, auf den Primärprozeß,aus der Wiedereinführung des kritischen Theaters in der ärztlichen Praxis (nach dem Abbau des im elterlichen Schlafzimmer und in der visuellen Phantasie vermuteten vor-kritischen Theaters),welche die schwindelerregende Entdeckung der libidinalen Verschiebbarkeit,der Arbeit,des primären Nomadismus verschleiert. - Und diese Freud selber *unbekannte* Anwendung,Restaurierung - unbekannt in ihrer Willkür, in ihrem nicht zu rechtfertigenden Wahn als *Dispositiv*,Wahn als Figur des Unbewußten der *Psychoanalyse selbst*. (A propos unbekannt und verdächtigt: lest noch einmal den Schluß der Analyse des Präsidenten Schreber,wo Freud im Grunde schreibt: nichts ist meiner eigenen Theorie von den Trieben und ihren Besetzungen ähnlicher als die der schreberschen Strahlen - doch ich bestehe darauf,sie als erster gefunden zu haben und ich habe Zeugen dafür! Ist mehr richtige Theorie in seinem Wahn oder mehr Wahn in meiner Theorie? Die Zukunft wird es zeigen ...
Und lest noch einmal *Der Mann Moses und die monotheistische Religion*, diesem letzten Text,der sich ausschließlich mit der Frage beschäftigt: worin besteht also dieser eigentümliche Wahn (dieses eigentümliche Dispositiv),das das Judentum ist?)

Zu einem bestimmten Moment,zur Zeit von *Menschliches,Allzumenschliches*,der Zeit seiner Genesung, einer nicht-affirmativen Zeit,alles in allem kranken und doch so gesunden Zeit,wie die "Zeit",wünschte Nietzsche diese tragische,intellektuelle,antiwagnerianische,nüchterne,kritische,voltairianisch-paulinisch-mosaische Musik. Aber sobald Nietzsche diese "Zeit" übersteigt,sobald er sich in seiner eigenen Intellektualität und Unzeitgemäßheit niederläßt, ist es nicht mehr das Kritische,noch selbst der wahrhafte Nihilismus oder das auch von ihm so geliebte Judentum,was er braucht,sondern es ist das Bejahende,die Musik Cages.

Though his experience was space-time, schreibt Cage zu Schönberg ,*his idea of unity was two-dimensional: vertical and horizontal. On paper.* Diese "Idee" ist nicht nur technisch,Technik der Akkorde,welche vertikale Segmente aus der horizontalen Serie wiederaufnimmt; diese Idee ist die Vorherrschaft des Geschriebenen,des Gesetzes,dessen, was die Illusion zerstört: keine scheinbare Oberfläche für die Einschreibung eines Textes,da es ja keinen Tiefeneffekt,keinen Hintergrund gibt.Die Thora,der Diskurs ohne Tiefe,statt der Götzenbilder.Ist es ein Zufall,daß Cage's Bemerkung unmittelbar nach dem folgenden Satz steht: *He was depressed by criticisme because there were no limitations to his sense of responsability?* Die Limitationen,die hier abgeschafft werden,sind die Grenzen (2) und (3). Jene Verantwortung ist,wie Levinas sagt,die Fähigkeit,noch bevor ihr hört,was sie sagt,von der Rede,die an euch gerichtet wird, ergriffen zu sein.

Es bedurfte der Ausformulierung der seriellen "Armut" nach dem 2. Weltkrieg,um seine Armut (ohne Anführungszeichen) deutlich zu machen,die hier offen zutage tritt: nach den ersten Schritten in der Zwölftonmethode (eine Sinfonie 1914-15,deren letzter Teil in der *Jakobsleiter*,einem selber unvollendet gebliebenen Stück,wiederaufgegriffen wurde) *hatte ich*,schrieb Schönberg,*bei meiner Arbeit immer das Ziel vor Augen,den Aufbau meiner Werke* bewußt *auf einen Einheit verbürgenden Gedanken zu basieren,der nicht nur alle übrigen Gedanken hervorbringen,sondern auch ihre Begleitung und ihre Akkorde,die 'Harmonien' leiten sollte* (Brief an Nicolaus Slonimsky vom 3.6.1937). Da hört man ganz klar heraus, daß dieses Musik-Dispositiv als System von Ausschlüssen und Bindungen der Klang-Flüsse dem System der tonalen Musik analog bleibt: Bach hat wohl etwas ähnliches zu seinem *Musikalischen Opfer* geschrieben. Schönberg hat durchaus die Grenzen (2) und (3) zerstört, nicht aber die Grenzen (1). Die Satire ist ein Literatur-Theater-Genre, die jüdische Religion eine Religion, die politische Kritik eine Politik. Es gibt keine Auflösung in Oberflächenakkorde, keinen Schein mehr, sondern Zurückhaltung der Komposition in Schweigen. Wie der Analytiker, so hält sich der Komponist an den Signifikanten. Doch reicht es nicht aus, wie Brecht die Grenzen (2) und (3) aufzuzeigen, um mit der Repräsentation als Ideologie und Phantasma Schluß zu machen. Denn auch das Tragische ist ein Libido-Dispositiv. Und Theatralität gründet sich auf das Tragische. Die schwindelerregende Dissonanz wird melodisch. Die Psychoanalyse hat die Kritik der phantasmatischen, visuellen, guckkastenartigen, 'ägyptischen' Beherrschung geleistet, aber in einem Raum, der noch ein Raum nüchterner, auditiver, hebräischer, lutherischer Vorherrschaft ist. Man bedarf einer nicht-beherrschten "Praktik" (wobei dieses Wort wahrscheinlich sinnentleert ist, sobald es nicht mehr auf ein "Subjekt" bezogen ist), außerhalb eines Herrschaftsgebietes, ohne *domus*; ohne die Kuppel des Doms von Florenz in der kleinen Schachtel von Brunelleschi*, aber auch ohne die Truhe der Bundes-Arche, die die Quadratschrift enthält. Ohne die *Archè*, und selbst ohne die *An-Archè*, lieber Daniel Charles! ** Cage mit Levinas interpretieren - oder gar mit

---

* vgl. in diesem Band Seite 79

** Lyotard bezieht sich hier auf D. Charles *Musique et an-archie* in: *Gloses sur J. Cage*, Paris 1977

Heidegger - heißt, im Nihilismus verharren.

Wenn Cage sagt, es gibt keine Stille, dann sagt er: kein Anderes hat Gewalt über den Ton, es gibt keinen Gott, keinen Signifikanten als vereinigendes, Kompositions-Prinzip. Es gibt kein Filtern, keine geregelten Leerstellen, keine Ausschlüsse, also auch kein Werk mehr, keine Eingrenzung (1), welche die Musikalität als Bereich bestimmt. Wir machen die ganze Zeit Musik, *sobald wir aufhören, welche zu machen, fangen wir eine andere an, so wie man nach dem Geschirrspülen sich die Zähne putzt und schlafen geht: Geräusche, Geräusche, Geräusche. Und das Klügste, was wir tun können, ist, die Ohren gleich aufzusperren und einen Ton in seiner Unmittelbarkeit und Plötzlichkeit zu hören, noch bevor unser Denken irgendeine Chance hat, ihn in irgendetwas logisches, abstraktes oder symbolisches zu verwandeln (A Year from Monday).* Die Grenze (1), also das selektive Moment des Musikalischen liquidieren, verflüssigen, das selektive Moment, das bestimmt, daß manche Töne zu hören sind und gewisse Ohren befugt sind, sie zu hören (da sie z.B. - und das ist das Zeichen ihrer Befugnis - Karten für gute Plätze - Logenplätze, Fürstenplätze - kaufen können). Die Grenze (1) zerstören, heißt jedes Geräusch, jeden Laut des Körpers und den unerhörten Krach des Sozial-"Körpers" für einen Ton nehmen. Die Stille wird verlagert: es ist nicht mehr das Schweigen des Komponisten, des Signifikanten, Jahves, das ungehört bleiben, ausgelöscht werden soll, sondern die Stille als Geräusch-Ton des unwillkürlichen Körpers, der Libido, die in den Körpern, in den Städten, in der "Natur" umherirrt, die es zu hören gilt.

Eine kritische politische Partei richtet sich auch im Schweigen des Signifikanten, im Schweigen der Beherrschung ein, sie untergräbt scheinbar die Oberfläche der Erfahrung, und selbst wenn sie beschließt, die Macht nicht zu übernehmen, hat die Macht sie schon übernommen, insofern sie dieses Dispositiv des Scheins und des Auslöschens, des Theaters, der Politik als *Herrschaftsgebiet* wiederaufgreift. Würde heute die "tonale Auflösung" weiterhin angewandt, so hätten wir damit eine tragische politische Partei, die *negative Dialektik* der *Aufklärung*; das ist die Frankfurter Schule, der entmythologisierte, lutherische, nihilistische Marxismus.

Der Spontaneismus ist hierauf keine Antwort: denn *die Töne gehören nicht den Menschen*, wie Cage sagt, auch die Libido-Ströme gehören den Menschen nicht, die Freiheit ist nicht die Freiheit *von jemandem*, die Aktivität nicht *Expression*, Ausdruck. Der Spontaneismus führt die Energieumwandlungen noch immer auf ein Gedächtnis, ein Subjekt, eine Identität zurück. Er gehört noch der Theatralität an (das von ihm evozierte "Wesen" ist das einzige "Sujet" des abendländischen Theaters - ist sein "Äußeres"). Ich weiß keine Antwort. Die Frage ist: Worin liegt das Schweigen des Kapitals, sein Schweigen als Komponist und Regisseur? Erste Antwort: es liegt im Wertgesetz, der alleinigen Regel der Austauschbarkeit gleicher Mengen (von Arbeitskraft?). Dieses Gesetz ermöglicht, ja erfordert die Dissonanzen: die verschiedenartigsten (sonoren und anderen) Objekte finden Eingang in diese Komposition, sobald sie austauschbar (verkäuflich) sind. Das ist kein Grund zu weinen - wir wollen durchaus nicht mehr Ordnung, nicht eine tonalere, einheitlichere oder reichere und elegantere Musik. - Wir wollen weniger Ordnung und mehr zufälligen Umlauf, mehr freies Umherschweifen: die Abschaffung des Wertgesetzes. Dieses nämlich ist grundlegend für den Körper des Kapitals als eine zu durchlöchernde/durchstossende Oberfläche, als Schein. Zweite Antwort: anläßlich der Documenta 5 (1972 in Kassel) schreibt Daniel Buren: "Eine Ausstellung tendiert immer mehr dazu, ihren Gegenstand nicht mehr in der Ausstellung von Kunstwerken, sondern in der Ausstellung der Ausstellung als Kunstwerk zu haben (...). Das Werk dient heute nur noch als dekoratives Spielzeug für das Überleben des Museums als Gemälde, als ein Gemälde, dessen Urheber niemand anderer als der Organisator der Ausstellung selbst ist." Übertragen auf das Kapital heißt das: es ist Produktion, nicht mehr von Produkten, sondern von Produktionen; Konsummation nicht mehr von Objekten, sondern von Konsumtionen; es ist musikkè, aber nicht mehr von Tönen, sondern von Musiken. Somit wird die Frage zu folgender: wird die in den Geräuschen *immediately, suddenly* gehörte Stille nicht durch das ungehörte Schweigen des Organisators/Komponisten, des Kapitals, *noch beherrscht*? Ist das Kapital nicht der Regisseur der Geräusche und der Stillen, insofern es sie inszeniert? - Das Werk zerstören, aber auch das Werk der Werke *und der Nicht-Werke*, den Kapitalismus als Museum, als Gedächtnis all dessen, was möglich ist, zerstören. Gedächtnis verlieren wie das Unbewußte.

Editorische Notiz

In den vorliegenden Texten ist häufig die Rede von der Liquidation bestimmter Grenzen,die die künstlerische Produktion einschränken. Angesichts dessen sind gewisse Beschränkungen bei der Produktion dieses Bandes unübersehbar.
Da sind die Grenzen des Übersetzbaren.Lyotard bezieht sich in seinen Aufsätzen z.B. auf Marx.Freud, Nietzsche,Brecht u.a.,deren Begrifflichkeit beispielsweise in Hinblick auf das Energetische in den deutschen Originalen sehr verschieden ist, im Französischen dagegen homogen. Ein Artikel,dessen Argumentation sich durchgängig auf denselben Begriff stützt,droht daher auseinanderzufallen,sobald in Anlehnung an die deutschen Originale übersetzt wird. Dieses Dilemma,diese Grenze ließ sich nicht auflösen,verflüssigen,dementsprechend gestelzt klingt es häufig,obwohl es sich bei allen vier Texten ursprünglich um Vorträge handelt,also um eine fliessend gesprochene Rede. Hier nun eine weitere Grenze,eine ökonomische Grenze. Da es sich bei dem Malerei-Text um einen Lichtbildervortrag handelte,hätte der Abdruck des gezeigten Bildmaterials sicher erhellend sein können,auch wenn die französische Buchausgabe ebenfalls darauf verzichtete.
Die Auswahl der Texte orientierte sich an den Medien,Theater,Kino,Malerei,Musik,die vielleicht gerade aufgrund ihrer Verschiedenheit die Einsatzstellen von Lyotards "affirmativer Ästhetik" deutlich machen könnten.
Der vorliegende Band hat keine schöne gelungene Form.Er ist alles andere als rund,vollkommen zu nennen.

MERVE TITEL

1 **Bettelheim** *Über das Fortbestehen von Warenverhältnissen in den "sozialistischen Ländern" (vergr.)*
2 **Colletti/Libertin/Magri** *Lenins "Staat und Revolution" - heute (vergr.)*
3 **Nicolaus** *Konkurrenz und Mehrwert. Zur Klassentheorie bei Marx (vergr.)*
4 **Masi** *Der Marxismus von Mao und die europäische Linke (vergr.)*
5 **Partei und Klasse** *Eine Diskussion zwischen Sartre u. "il manifesto" (vergr.)*
6 **Laplanche** *Marcuse und die Psychoanalyse (vergr.)*
7 **Colletti** *Zur Stalin-Frage (vergr.)*
8 **Godelier** *System, Struktur und Widerspruch im "Kapital" (vergr.)*
9 **Mandel/Nicolaus** *Kontroverse über die Möglichkeit einer Revolution in USA*
11 *Notwendigkeit des Kommunismus. Die Plattform von "il manifesto"*
12 **Tronti** *Extremismus und Reformismus (vergr.)*
13 **Nicolaus** *Die Objektivität des Imperialismus.*
Mandel *Die Widersprüchlichkeit des Imperialismus (vergr.)*
15 **Miliband** *Marx und der Staat (vergr.)*
17 **Rossanda** *Der Marxismus von Mao Tse-tung (vergr.)*
18 **Sofri/Della Mea** *Zur Organisationsfrage u. Strategie von Lotta Continua (vergr.*
19 **Sohn-Rethel** *Materialistische Erkenntniskritik u. Vergesellschaftung d. Arbeit*
20 **Classe e Stato** *Die Dialektik von Partei und Massen in der chinesischen Theorie (vergr.)*
21 **Salvadori/Rieser** *Rätesystem und Maoismus*
22 **Base Ouvrière** *Revolutionäre Betriebsarbeit bei Renault-Flins*
23 **"il manifesto"** *Für eine organisierte politische Bewegung (vergr.)*
24 **"Que faire"** *Klassenkämpfe in Frankreich seit dem Mai 1968*
25 **"il manifesto"** *Thesen zur Schul- und Hochschulpolitik*
26 **Negri** *Zyklus und Krise bei Marx (vergr.)*
27 **Bologna/Ciafaloni/Bolzani** *Techniker als Produzenten und als Produkt*
28 **Rancière** *Der Begriff der Kritik und die Kritik der politischen Ökonomie*
29 **Magri** *Probleme der marxistischen Theorie der revolutionären Partei*
30 **Gorz** *Schule und Fabrik (vergr.)*
31 **Colletti** *Marxismus als Soziologie (vergr.)*
32 **Dina** *Techniker, Macht und Klassenkampf*
33 **Negri** *Krise des Planstaats, Kommunismus u. Revolutionäre Organisation*
34 **Masi** *Kritik und Selbstkritik der Neuen Linken*
35 **Bologna/Cacciari** *Zusammensetzung der Arbeiterklasse u. Organisationsfrage*
36 **Dalla Costa/James** *Die Macht der Frauen und der Umsturz der Gesellschaft*
37 **Reinicke** *Für Krahl*
38 **Poulantzas** *Zum marxistischen Klassenbegriff*
39 **Liebmann/Di Leo** *Zur Lenin-Diskussion*
40 **CGIL/CISL** *Zur Geschichte und Theorie der italienischen Gewerkschafts-*
41 *bewegung (Nachwort von "Probleme des Klassenkampfs") 2 Bände*
42 **Poulantzas** *Die Internationalisierung der kapitalistischen Produktionsverhältnisse und der Nationalstaat (vergr.)*
43 **Della Volpe** *Für eine materialistische Methodologie*
44 **Leineweber/Schibel** *Die Revolution ist vorbei - wir haben gesiegt*
45 **Hegedüs/Márkus** *Die Neue Linke in Ungarn - Band 1 (vergr.)*
46 **Gintis** *Dialektik der Bewußtwerdung im Spätkapitalismus*
47 **Donolo** *Ungleichmäßige Entwicklung und Auflösung gesell. Strukturen*
48 **Pietranera** *Hilferding und die ökonomische Theorie der Sozialdemokratie*
49 **Buhle** *Marxismus in den USA*
50 **Jervis** *Psychotherapie als Klassenkampf*